I0113108

Governance Trends in West Africa, 2006: A Synthesis Report

Adebayo Olukoshi

CODESRIA

Council for the Development of Social Science Research in Africa

Open Society Initiative for West Africa

© CODESRIA & OSIWA 2008

All rights reserved

ISBN: 2-86978-212-8

ISBN 13: 9782869782129

The **Council for the Development of Social Science Research in Africa (CODESRIA)** is an independent organisation whose principal objectives are facilitating research, promoting research-based publishing and creating multiple forums geared towards the exchange of views and information among African researchers. It challenges the fragmentation of research through the creation of thematic research networks that cut across linguistic and regional boundaries.

CODESRIA publishes a quarterly journal, *Africa Development,* the longest standing Africa-based social science journal; *Afrika Zamani,* a journal of history; the *African Sociological Review; African Journal of International Affairs* (AJIA); *Africa Review of Books;* and the *Journal of Higher Education in Africa.* It copublishes the *Africa Media Review* and *Identity, Culture and Politics: An Afro-Asian Dialogue.* Research results and other activities of the institution are disseminated through 'Working Papers', 'Monograph Series', 'CODESRIA Book Series', and the *CODESRIA Bulletin.*

Open Society Initiative for West Africa (OSIWA) is part of the global network of autonomous Soros Foundations. Inaugurated in December 2000, OSIWA is dedicated to supporting the creation of open societies in West Africa, marked by functioning democracy, good governance, rule of law, basic freedoms and widespread civic participation. OSIWA believes that it best serves by sustaining catalytic and innovative initiatives that add value to the efforts of West Africa's civil society. OSIWA seeks to collaborate with advocacy groups, like-minded foundations, governments and donors. OSIWA further recognizes the importance of incorporating global developments in building open societies and seeks a greater commitment to the region by rich nations.

OSIWA serves the 15 members of the Economic Community of West Africa States (ECOWAS), as well as Cameroon, Chad and Mauritania. The ECOWAS members are Benin, Burkina Faso, Cape Verde, Cote d'Ivoire, the Gambia, Ghana, Guinea, Guinea Bissau, Liberia, Mali, Niger, Nigeria, Senegal, Sierra Leone and Togo.

OSIWA is based in Dakar, Senegal. The Foundation also maintains offices in Abuja, Nigeria, as well as Monrovia, Liberia which focus on good governance and human rights programs in these two countries.

Contents

Countries covered by the study

Preface

The West African sub-region has a distinctive history as one of the most dynamic parts of the African continent. Forged out of a long, often contradictory, always contested trajectory of state formation, dissolution, and recomposition that has been accompanied at different stages by widespread population movements, the sub-region has, inevitably, grappled with a wide range of core, enduring governance questions. These questions have contributed, to one degree or another, to the making and character of contemporary state systems, as well as the political cultures underpinning them. The questions have, among others, ranged from the basic rules for the constitution of political communities and the processes for the absorption of new populations, including the mobilisation of their consent, to the modes of administration of political territories. The questions have also extended to systems of checks — and — balances in the exercise of political power, the articulation of the rights and responsibilities of citizens, and the definition and operationalisation of rules of political succession. In many ways, from the earliest history of West African political formations to date, these core governance issues have been recurring decimals in the sub-region, only being articulated over time in (qualitatively) different local and global contexts.

Over the years, researchers have grappled with the task of finding appropriate interpretative frames for understanding the dynamics of governance in West Africa and elsewhere in the developing world. Invariably, these efforts have been characterised more by attempts at reading West Africa from the lenses of others and less by investments in grasping the complex processes taking place in the sub-region as contradictory outcomes of context and history that deserve to be understood in their own right, on their own terms. Although the report that forms the object of this publication is not meant to serve as a critique of the dominant concepts and theories of governance, it is, nevertheless, still necessary to state upfront that it implicitly challenges the approaches that seek to understand governance in West Africa solely or primarily by drawing analogies from the historical experiences of others — especially Europe and the United States — or stylising those experiences into international standards against which attempts are then made to measure the validity of all other records of governance.

In the period since the mid-1980s, policy intellectuals have, for their part, sought consciously to articulate measures supposedly aimed at improving governance in the developing regions of the world, including West Africa, and purportedly building local capacities for good governance. But the intervention frames that they have developed have been eminently technocratic in nature, thereby emptying the concept of the politics that gives meaning to it in the first instance. Also, consciously or unconsciously, the term governance has come to be reduced to a code word for elite corruption and/or impropriety in public office. This has had the consequence of severely narrowing its remit and unwittingly reducing it to a permanent one-sided discourse about pathologies. Furthermore, the technocratic notions of governance that are prevalent have tended to treat the concept not as a dynamic domain that is full of contradictory possibilities connected to live social struggles but as a frozen set of measureable parameters which are sometimes abstractly constituted.

Going beyond dominant perspectives on governance to gather information on the trends unfolding in West Africa in 2006 required the development of a working definition of the concept. That definition was built on the premise that the challenges of governance are integral to all political systems and are, therefore, not peculiar to any one region of the world. It was also assumed, for conceptual purposes at least, that governance is a holistic concept that encompasses the entire spectrum of issues that are necessary for the achievement and reproduction of balanced state-society relations. Viewed from this perspective, it was felt that the story of governance ought to be less about the misdeeds of elites and more about struggles for the expansion of the frontiers of citizenship in a democratic developmental framework. Furthermore, the idea of the governance agenda in any given country as product of history and context was stressed, as was the position that democratic governance is an ideal with the status of permanent work in progress. In effect, this implies that specific governance episodes and phases are best understood in terms of their location in a historical flow. Finally, a dialectical understanding of the concept of governance was adopted by which governance concerns are seen as being played out not in a unilinear, unproblematic manner, but in a multidimensional way which is replete with contradictions that simultaneously embody advances and setbacks.

It is hoped that readers of this synthesis report will find it useful as a quick and easily digestible summary of some of the key developments in West Africa that had a direct bearing on governance in the sub-region during 2006. The report does not pretend to be exhaustive — it cannot possibly be. Nor is it constructed as a chronological account — that was not deemed desirable. Rather, it seeks, in an omnibus manner, to tie together various developments in West Africa in presentational and analytic rubrics that are designed to give insights into a variety of governance issues which can each be pursued in their own right in much greater depth by readers who might have an inclination to do so.

Acknowledgements

The production of this synthesis report on governance trends in West Africa during 2006 drew on the quarterly monitoring reports that were prepared by researchers based in different countries across the sub-region. The report is a direct product of a collaborative endeavour that was launched in the last quarter of 2005 between the Council for the Development of Social Science Research in Africa (CODESRIA) and the Open Society Initiative for West Africa (OSIWA). For the purposes of the monitoring exercise that was undertaken and this synthesis report, a broad definition of West Africa was adopted to include all the members of the Economic Community of West African States (ECOWAS) plus Cameroon, Mauritania, and Chad. The notion of governance that was employed for the collection of data and the preparation of this synthesis encompasses the range of political, economic, social and cultural concerns that are germane to struggles for meaningful participation, effective representation, and significant, incremental improvements in livelihoods in West Africa. These struggles ultimately centre on issues of citizenship and the plethora of entitlements/entitlement expectations constructed around it to constitute the core of state — society relations. However, on account of the requirements of prioritisation that was set for the researchers involved in the collation of primary information on trends, it will be noticed that most of the points that are covered in this synthesis centre primarily on the dynamics of politics in the broad developmental process in West Africa.

I would like, in my capacity as overall coordinator of the monitoring exercise, to thank the researchers who participated in the collection of data for 2006 for their input and collaboration. I would also like to thank the staff of the Secretariat of CODESRIA, in particular Abdon Sofonou of the Research Programme and Jean-Pierre Diouf of the CODESRIA Documentation and Information Centre (CODICE), for the back-up support which they offered to the researchers, as well as the additional data on the 2006 governance experience in West Africa that they generated for the completion of this synthesis report. Finally, thanks are due to the Board and staff of OSIWA for the support, which they generously extended to the programme and for agreeing to launch it as a collaborative effort between them and CODESRIA. I would like especially to single out the Executive Director, Nana Tanko, and the Programme Officer responsible for Special Projects, Bose Muibi, for the encouragement, which they offered to the participants in the project at all times. Needless to add, all errors in the report belong to me and the researchers, who undertook the monitoring exercise and cannot therefore, be attributed to either CODESRIA or OSIWA. Also, the views expressed in the synthesis report do not represent an official position by CODESRIA and/or OSIWA on any of the issues covered.

Adebayo Olukoshi
Dakar, Senegal
12 February 2007

Governance in West Africa: Historical Background, Contemporary Context

Pre-Colonial Roots

The history of the West African sub-region's engagement with issues of governance is a long one that can be traced far back in time to the earliest experiments with the constitution of political communities in the area. In the context of those experiments, which entailed nation- and state-building projects, historians have directly or indirectly pointed to the many challenges that preoccupied the political communities that were in the making in the area long before the arrival of the first European and the onset of colonial rule. The most common and frequent of the challenges that have been identified in the literature include the ways in which attempts were made to address the basic requirements for the constitution of new political communities, the processes embarked upon for securing consent and legitimacy, and the institutions-including rules-required for the administration of public affairs. Attention has also been drawn to the various experiments that were undertaken in constitution-making, the separation of powers, and the decentralisation of authority, as well as the moral codes that were drawn up to guide rulers in the exercise of their functions.

The Colonial Experience

The ways in which the early, pre-colonial challenges of governance (defined in the pre-colonial period as processes of authority management and statecraft) were tackled varied from one political formation to the other, as did the success that was registered. But whatever the process that was underway and level of progress that was registered, the colonial intervention resulted in a radical alteration of the governance agenda in the sub-region. It did so by redrawing the maps of political communities and reconstituting many of them according to the imperialist calculations of opportunity and advantage. Colonial governance was, in spite of various ideological justifications proffered for the European intervention, a project that was by definition replete with internal contradictions. In the way in which it was practised in West Africa, it entailed the denial of the basic rights of the populace and the imposition of a systematic regime of racialised exploitation and exclusion that found its ramifications in the coercive nature of the colonial state system. The contradictions built into the colonial project were ultimately to spell its doom in West Africa as in other parts of the colonised world. Beginning with Ghana in 1957, the countries of West Africa were to be ushered into independence one after the other, most during the course of the 1960s, the last set, made up of the former Portuguese colonies of Cape Verde and Guinea-Bissau, in 1975.

Grappling with Governance in the Post-Colonial Period: 1960–1990

In the post-independence period, the various challenges of governance which the newly independent countries of Africa were confronted with were probably brought out in their sharpest relief in West Africa both in terms of the hopes generated and the difficulties encountered. These challenges were multifaceted and they included, most importantly, the problems and prospects of constituting a coherent and viable project of nationhood out of the multi-ethnic, multi-religious communities indiscriminately welded together by the forces of colonialism which also introduced an ethnicised politics of divide and rule that stymied the evolution of a trans-ethnic nationalism. At one level, it involved the promotion of policy frames for the attainment of a more rapid and balanced process of economic development and social citizenship; at another level, it called for major investments in the construction of national identity and unity. With regard to the challenges of economic development and social citizenship, the record of the first decade of independence was a respectable one, with growth rates averaging seven to eight per cent and all social indicators showing an upward trend. However, the task of nation-building turned out to be much more difficult to handle and came to lie at the heart of many of the problems of governance that were to bedevil West Africa during the course of the 1960s through to the end of the 1980s.

Most of the governments of West Africa approached the project of nation-building on the assumption that it was a political project which could only be constituted by the state and which could not be successfully realised in a pluralist framework. In consequence, they took steps soon after independence to erode and dismantle electoral pluralism whilst placing independent associational life and the institutions of ethno-cultural diversity under attack. The goal of national unity — and development — was to be achieved under the banner of: One nation, one destiny, one leader, one God. It was this banner that ultimately justified the muzzling out of oppositional politics, the strident efforts at the cooptation or decimation of labour, youth, and women's movements, and the concentration and centralisation of power in the presidency. Where this approach to the project of unity and

11

development was most successful, it resulted in the emergence of de jure or de facto single party systems. Where it was resisted or was unable to surmount the contradictions arising, it resulted in the overthrow of civilian governments and the imposition of military rule. Whether based on single party or military rule, the countries of the sub-region witnessed a generalised militarisation of their political systems as repression and the abridgement of citizen rights became the widespread instruments of choice for regime preservation.

For much of the period from the mid-1960s onwards, West Africa became the theatre for some of the most intense cases of political violence and instability witnessed in the first two decades of African independence. Apart from the widespread use of force and the assassination of political figures, the sub-region became the coup d'état belt of the African continent as numerous cases of seizure of power by the military and counter-coups took place. Ethno-regional and religious conflicts of various dimensions were equally widespread, degenerating in some cases into civil wars that took a huge toll on human lives and property. Not having been fundamentally reformed after the retreat of the forces of colonialism, the state itself retained — and even reinforced — its coercive mode of relating to society. The host of governance problems that arose during this period in West Africa's history generated questions about the social bargain that underpinned the functioning of the polity and the scope which was available for the citizenship rights. These questions were to become even more strident as the economic and social conditions of the generality of the people deteriorated. With economic crises setting in from the early 1980s and the crises being compounded by the deflationary structural adjustment framework which governments were compelled to embrace by the International Monetary Fund (IMF) and the World Bank, the stage was set for new challenges to the post-independence nation-state project to emerge. These challenges, previously contained by the complex geo-politics of the Cold War environment of the 1960s and 1970s, were to be less constrained in the 1980s and 1990s following the end of the East-West ideological and military rivalries as they had come to be known. Thus it was that in the early 1990s, many regimes across West Africa, having exhausted their legitimacy, and being under strain as the discontents of economic structural adjustment accumulated, succumbed to domestic and external pressures to usher in a new era of electoral pluralism.

The Contemporary Context of Governance in West Africa

The wave of popular pressures for political reform that spread across West Africa raised hopes about the 'second liberation' of the peoples of the sub-region. If the first liberation was designed to overcome colonialism, the second had as its thrust, the defeat of political monopoly and dictatorship. Beginning from the sovereign National Conference that was convened in Benin Republic at the beginning of the 1990s, West African governments began one after the other to succumb to pressures to reform their systems of governance by opening up the political space to all interested players, removing restrictions on the independent media and autonomous associational life, and investing in the content of citizenship in order to ensure that that members of the political community have individual and collective stakes. It was in this context that single party and military rule were ended and new constitutional frames for multiparty politics were introduced. With the exception of countries like Liberia, Sierra Leone, Guinea Bissau, and much later, Côte d'Ivoire which descended into civil war and witnessed the collapse of central governmental authority, the political story in West Africa appeared generally to be promising, suggesting the emergence of a new, qualitatively different era in sub-regional governance: Multi-party elections were routinely organised; the independent media flourished, as did autonomous associational life; and the most unbridled abuses of rights and rules as occurred during the heyday of single party/military rule seemed to be less frequent and brazen.

However, the changes that occurred in the terrain of governance in West Africa were also uneven and, in several cases, were characterised by setbacks which added up to make the Governance Question a live one with which the peoples of the sub-region continue to grapple. Although the context of electoral pluralism within which the contemporary challenges of governance are posed may be different from the previous context of repressive and authoritarian rule, the issues arising are no less significant, touching as they do on the substance of democracy and citizenship at a time when even form and procedure continue to be problematic. Coups d'état may have become increasingly rare and popular tolerance for the unilateral confiscation of power by the military may have become low, but the robustness of the legislative system leaves much to be desired and the accountability of elected officials to the citizenry needs to substantially improved. Elections may have become routine but in the face of the danger that they may be reduced to cynical and costly pro forma rituals performed to appear to satisfy the basic requirements for international legitimacy, concerns were aired about an emerging scenario of what Claude Ake once described as voting without choosing. Social citizenship which speaks to the livelihood concerns of the ordinary West African remains elusive even as the boundaries of social inequality widen and the management of the commonwealth, including financial and natural resources, continues to leave much to be desired.

The general issues arising from the contemporary governance situation in West Africa are clearly numerous and could be summarised as entailing the following challenges: Establishing a social contract for the functioning of the polity; institutionalising a culture of democratic accountability at all levels of government and in all aspects of public affairs; building and/or consolidating a culture of peace in the political system; promoting a greater fairness in the electoral process to achieve a better system of representativeness; broadening the participation of the citizenry in the political process; ensuring that marginalised groups — especially women and the youth — are better represented; defending the human and civic rights of the citizenry; and, importantly, registering concrete improvements in the living conditions of the populace. These governance concerns lie at the core of politics in contemporary West Africa although, as can be expected, the way they are played out in different countries varies.

Scope of the Report

This synthesis report is derived from quarterly country monitoring briefs prepared by resident researchers on governance trends in their countries as they unfolded in 2006. A broad definition of West Africa was employed for the monitoring exercise and the countries covered include: Burkina Faso, Cameroon, Cape Verde, Côte d'Ivoire, Ghana, Guinea, Guinea-Bissau, Liberia, Mali, Mauritania, Niger, Nigeria, Senegal, Sierra Leone, Chad, The Gambia, and Togo. The synthesis report draws on the quarterly briefs produced on each of these countries during 2006 to generate an overview map of recurring governance themes that cut across national boundaries during the year. These themes are discussed briefly in terms of the different aggregate ways in which they were posed during the year, with illustrative examples cited from different specific countries as may be appropriate. The report concludes with selected issues arising from the 2006 sub-regional governance experience to pinpoint themes that merit further attention in the form of policy dialogues, doing so on the basis of a preview of trends which would require to be watched in 2007.

Recurring Themes in West African Governance in 2006

Ruling Party Hegemony

In virtually every West African country, the question of the exercise by ruling parties of the advantages associated with their incumbency was a recurrent theme. Having control of the resources of the state in a context of widespread poverty and seeking to consolidate their hold on power, ruling parties from Burkina Faso, Ghana and Niger to Nigeria, The Gambia, and Senegal deployed their energies to erode the foundations of opposition parties which in many cases were in a very weak position either to defend their position or challenge the ruling parties in any meaningful way. The methods used by ruling parties to undermine opposition and cement their dominance varied within and across countries, often representing an admixture of methods. They include the cooptation of key opposition figures through various inducements, the deployment of violence, the use of the security agencies to harass and hound supporters and leaders of the opposition, and the shifting of the goal posts in the middle of the political game in order to wrong-foot the opposition. In several countries of the sub-region, including most notably Burkina Faso, The Gambia, Guinea, and Mali, the hegemony of the ruling party or power coalition was so strong as to amount to a de facto one party system. In other cases like Senegal where ruling party dominance was under constant contestation, it was only by resorting to the use of parliamentary majorities that government was able to force through legislation. Few were the countries (such as Cape Verde) where, on account of the balance of power between the ruling party and the opposition, the latter was able to exact accountability from the government, bolstered in this by its numeric strength, cohesiveness, and vigilance.

Opposition Disarray

The energy invested by ruling parties in the consolidation of their positions of advantage was matched across the sub-region by the state of disarray in many of the opposition political parties. In most countries, processes of fragmentation within opposition parties were commonplace – the result of various factors ranging from ruling party tactics to destabilise opposition to internal problems of governance within the parties themselves. At the root of most of the problems faced by opposition parties is their inability in most cases to retain their support base between elections. Explanations for this state of affairs are varied: financial difficulties encountered; inability to dispense patronage; ruling party machinations; narrow/sectarian calculations of advantage; opportunistic choices made by some members of the leadership; and popular disillusionment with politicians. Some of the most spectacular cases of disarray in the ranks of the opposition occurred in Ghana, The Gambia, Sierra Leone, Nigeria, Chad, Cameroon, Mali, and Guinea. The consequence of the disarray was the absence of a credible alternative to ruling parties. In the face of the weakness of the opposition, the task of effectively challenging government shifted primarily to the media and/or civil society organisations.

Executive–Legislature Relations

The principle of separation of powers that is key to the processes of democratisation underway in different countries across Africa continued to be fraught with difficulties. Two broad typologies of Executive-Legislature relations were in evidence in West Africa in 2006. The first comprised contexts where the legislature as a body was more or less entirely submissive to the Executive, taking its cue only from the latter and acting within the confines defined for it. This was the case in countries such as Burkina Faso, Cameroon, Guinea, Mali, Niger, Sierra Leone, and The Gambia. The second typology was made up of contexts where the legislature made some spirited efforts at defining its own space in a bid, successful or not, to better play its role in the political checks — and — balances equation. This seemed to be the case in countries like Benin, Ghana, and Nigeria. There was no country where the legislature as a body was successful in exercising its oversight role in full autonomy. The reasons for this were multifaceted even if occurring in differing mixes in different countries: paucity of finance; absence of control by the legislature over its own budget; a narrowly defined notion of party discipline that constrained individual parliamentarians; the widespread deployment of Executive patronage to buy parliamentary silence or acquiescence; and the ever-looming threat of the deployment of sanctions against individual legislators in a context where the coercive apparatuses of the state are controlled by the Executive.

Political Violence and Insecurity

2006 witnessed frequent incidences of political violence across West Africa. The roots of the violence that occurred were as diverse as the forms which they took. The forms included factional party conflicts and inter-party clashes; cases of assassinations of political activists/opponents; ethno-regional clashes; violent student protests; and religious clashes. Countries where political violence featured prominently in 2006 included Côte d'Ivoire, Guinea, Guinea-Bissau, Liberia, Chad, Nigeria, and Senegal. But of all the incidences of violence that emerged during the year, none was more severe than that of Chad, which, intertwined with the difficult relationship between the country and The Sudan, and locked into the dynamics of the Darfur crisis, threatened at one point to result in the overthrow of the government of Idriss Déby Itno. The continued flow of light arms into and in the sub-region also meant that insecurity and political violence went hand-in-hand in the countries concerned.

Civil–Military Relations

Relations between civilians and the military was a dominant theme in West Africa in the heyday of military rule in the sub-region when, during the 1960s up to the beginning of the 1990s, most countries fell under military rule at one point or another. Following the restoration of multi-party politics from the 1990s onwards, investments were made in promoting more stable relations between civilians and their compatriots in the armed services. However, in the countries of the sub-region where conflicts were going on or which were recovering from civil war, the abuse of the rights of the civilian population was widespread during 2006 and ranged from the use of all manner of violence to extortion. Côte d'Ivoire, Guinea, Guinea-Bissau, Liberia, Chad, The Gambia, Nigeria, and Senegal were among the countries where civil–military relations constituted an important source of concern.

The Police

Policing in a context of democratisation is a very crucial component of governance. This is especially so as the quality of policing represents one of the most important yardsticks by which state–society relations can be effectively measured. The experience registered across West Africa in 2006 was not very satisfactory on this score. Reports abounded of the abridgement of citizen rights by the police and the prevalence of extortionary practices among the police forces of the sub-region. No country was exempt from this situation although, from the frequency of reports published in the media or which came into the public domain, the problem was more severe from one place to the other. The reasons proffered for the poor record of policing in the sub-region included inadequate funding of police operations; poor levels of police remuneration; deficiencies in the training of the police; a deep-seated culture of corruption within the police forces themselves; and inadequate institutional mechanisms for the protection of the rights and interests of the general public.

Internal Governance of Political Parties

As noted earlier, the crises of party politics continued to be a prominent feature of the West African governance landscape in 2006. At the root of many of the intra-party problems that occurred in 2006 were basic questions of the internal governance of the parties concerned, whether ruling or oppositional. Decision-making did not seem to be sufficiently broad-based, internal mechanisms for the mobilisation of opinion were generally absent, and dispute management structures were underdeveloped. Some of the conflicts that occurred pitted party officials against party members holding elected offices or executive appointments, and resulted in the latter defying the party whip and the former sanctioning or seeking to sanction them. Other disputes centred around the distribution of power and competencies. Furthermore, rivalries among elected officials and differences over strategy featured as proximate causes for challenges to the administration of parties. The crises of internal party governance that manifested themselves in 2006 were at the heart of the ensuing cross-party defections, the forging of new electoral alliances, the death of some parties, and the formation of new ones.

Judicial Independence

Judicial independence was a key component of the efforts launched in the period from the early 1990s to reconstruct the foundations of governance in West Africa with a view to making it more democratic. During 2006, the judiciary in the sub-region had a mixed experience. On the positive side, there was a greater awareness of the necessity for the judiciary to be fully supported in order to play an effective role in adjudicating the political process. This recognition underpinned civil society activism in countries such as Ghana, Nigeria, The Gambia, Côte d'Ivoire, Senegal, Sierra Leone, Mali, Cameroon and Guinea-Bissau for the funding of the judiciary to equip it adequately for its role. Pressure was also mounted on governments by civil society organisations to respect the decisions of the courts, especially where rulings made by the judges went against state officials or agencies. Nigeria, The Gambia, Guinea, and Burkina Faso were countries where this question was raised frequently in 2006. It was also evident in 2006 that the job of being a judge remains a hazardous one; in Benin, a member of the bench was assassinated and the investigation of the circumstances of his death was one of the highlights of the political terrain during the year.

The Media

The role of the media in West African governance was a generally positive one in 2006. Media pluralism was sustained in most countries, especially with regard to daily newspapers, weekly/monthly news magazines, and radio stations. There was also pluralism with regard to television stations, although progress in this domain was still uneven as the state maintained a monopoly or highly skewed dominance, most notably — and perhaps surprisingly — in Senegal. Access to new information and communications technologies also continued to improve apace across the sub-region as did the deployment of the ICTs for the delivery of news and information to the public. Arrests of journalists were not as widespread as once was the case in the sub-region although it is noteworthy that in The Gambia, Nigeria, Cameroon, Guinea, and Chad, governments still resorted to the use of security agents to intimidate and, in some cases, persecute the independent media. Mysterious fire outbreaks engulfing the premises of opposition or independent media houses occurred in a number of countries. After many years of struggling, the Nigerian media and civil society groups had cause to celebrate when the Senate passed the Freedom of Information Bill into law; the Bill will offer citizens the right of access to information on governmental activities which were previously classified. The West Africa Democracy Radio based in Senegal also strengthened its presence after it was inaugurated and became an important source of information and debate that was beyond the reach of some of the most repressive regimes that succeeded in narrowing the scope for public scrutiny of governmental policy through the media. But perhaps the greatest contribution which the media made to governance in West Africa in 2006 lay in the concerted way in which they deployed their influence and presence to keep regimes on their toes in most countries. In Nigeria, the defeat of the agenda of the Obasanjo government to amend the constitution to allow for a third term for the president and the governors owed in great measure to the vigilance and campaigning spirit of the media which lost no opportunity to discredit the project. In Senegal, the media has also played a similarly robust watchdog role in checking some of the excesses of the government. In Ghana, cases of corruption and indiscretion in the conduct of public officials were brought into the public agenda by the media. The role of the media in exposing contradictions in the anti-corruption campaigns of the government was also critical. Clearly, it would seem from the boldness with which the media, in its pluralism, went about its watchdog mission opens a new phase in West African governance.

The Politics of Decentralisation

Decentralisation was a central element of the governance reform exercises carried out across West Africa during the period from the 1990s onwards. Several countries in the sub-region, most notably Mali and Ghana, were particularly celebrated as examples of the successful decentralisation of administrative powers. But a lingering question about the decentralisation exercises that occurred had to do with the viability of the local units of administration in terms of the resources needed to enable them to function in a meaningful and sustained manner. In all the countries of the sub-region, this question was posed during 2006 as most cash-strapped decentralised units of administration grappled with the challenges of providing basic services and meeting the expectations of the citizenry. The difficulties encountered underscore the limits of many of the decentralisation exercises carried out and the need for a re-thinking along lines that could back their functions both with the necessary powers and resources or resource-mobilisation capacities.

The Politics of Succession

All across West Africa in 2006, preparations for looming or future elections produced an interesting array of calculations around the succession of incumbents that constituted a core part of politics during the year. The calculations were manifested as much in intra- as in inter-party relations and they played out in different ways. In Benin, as in Senegal, attempts were made by ruling parties to postpone elections. The manoeuvre undertaken by the ruling party in Senegal was successful in spite of vociferous opposition and civil society protests; in Benin, it failed and Mathieu Kérékou was obliged to hand over power to Yayi Boni, the victorious candidate in the presidential elections. In several countries, most prominently Burkina Faso, Chad, and The Gambia, constitutional amendments were pushed through to remove all term limitation clauses; a similar attempt in Nigeria was defeated. In those countries where elections were neither postponed nor constitutional term limits jettisoned, energies were concentrated on getting eligible incumbents re-elected or building positions to succeed ineligible incumbents. In the latter case, intra-ruling party jostling resulted in intensive factional politics that saw some prominent figures who lost out or felt themselves losing out opting to create their own independent platforms for contesting for power. This was the case with the ruling SLPP in Sierra Leone where the apparent preference of outgoing President Tejan Kabah for his Vice-President, Solomon Berewa, to succeed him resulted in the decision by a scion of the Margai political dynasty, Charles Margai, to leave and establish his own party.

Within opposition parties, the politics of succession also reverberated as candidates jostled among themselves to fly their party flag. In Ghana, the former ruling party, the NDC, was the site for some of the most intense internal jostling that occurred, but the NDC was not alone. Succession politics also played itself out with regard to struggles over the rules of the political game. In Côte d'Ivoire, these struggles produced a stalemate which meant elections could not, once again, be held as scheduled while in Mauritania which had experienced a coup d'état and had been brought back under military rule, it involved debates over the constitutional provisions that would guide the electoral process. In Togo, the crises which followed the death of Gnassingbe Eyadema posed a different kind of succession problem following the brazen attempt by the military to circumvent the constitution, subvert the legislative hierarchy, and impose his son on the country. Local and international opposition forced the military to retreat, although Faure Gnassingbe was still to emerge the successor to his father in the elections that were subsequently organised during 2005. The fall out of that exercise continued to be a major point for political organisation in Togo in 2006.

The Electoral System

Contestations over the electoral process were also a key feature of debates on governance in 2006. In countries ranging from Benin, The Gambia, Nigeria and Senegal to Chad, Cape Verde and Côte d'Ivoire, widespread complaints over the process of the registration of voters were voiced. Questions were also routinely raised about the independence of the authorities vested with the power to supervise the elections. The Mauritanian effort to prepare a credible transition from military to elected civilian government included public discussions on the ways of imbuing the institutional framework for electoral governance with the credibility that would win the confidence of the populace. Furthermore, issues arose over the financing of elections, with the incumbent President of Benin, for example, attempting but failing to postpone the vote on account of the unaffordability of the cost; his Senegalese counterpart was more successful in this regard in spite of the vociferous protests of the opposition.

On another note, media and civil society organisations drew attention to the huge and growing costs of elections in West Africa which effectively meant that a majority of the people with a potential interest in participating in the political process were simply shut out since they could not afford the costs. A significant number of those who entered into the fray did so either through the use of privileged access to public resources, or had been the beneficiaries of corrupt enrichment, or depended on sponsorship by wealthy 'Godfathers' who invested in their candidature for anticipated returns should their candidates be victorious. 'Godfatherism' was a dominant theme in 2006 in Nigeria where the matter was brought to the fore of politics by crises of confidence between some 'Godfathers' and their 'Godsons' occupying elected office resulting in several of the former organising to have the latter removed from office. 'Godfather' politics was also openly at play in Guinea and Senegal where the power alliances which they produced or on which they rested became chronically unstable.

Debates also took place about the voting method to be employed and the ways in which voters would be identified at the polling booth. In Nigeria where elections are due in 2007, these debates centred on how to ensure the freeness and fairness of the anticipated elections but even in countries where the fear of rigging was not expressed as openly as in Nigeria, that concern loomed in the background. In Senegal, there was an amendment of the electoral rules to permit the members of the country's armed forces to have the right to vote for the first time in its post-independence history. The anxiety generated by the decision was matched by the tension that accompanied the introduction of new voter identity cards and the redrawing of constituency boundaries. Voter identification was an issue for debate in virtually all the countries where elections took place. In Nigeria, it was proposed to tackle the voter identification challenge by introducing an electronic voter recognition mechanism that immediately became the subject of intense controversy across the political system until it was abandoned.

The outcomes of the elections that took place during 2006 were, however, not as seriously contested as could have been imagined simply on the basis of the amount of sabre-rattling that preceded the vote: No country experienced violence on a significant scale and in Benin and Cape Verde, opposition parties accepted the verdict of the electorate in spite of whatever misgivings they may have had about one aspect or the other of the electoral process. It is also interesting to note that in a number of cases, parties forged alliances and coalitions which meant that the winning party had smaller partners with which it shared power.

Table 1: Elections in West African Countries in 2006

Country	Date	Type of Elections
Cape Verde	January 2006	Legislature
Benin	February 2006	Presidential
	March 2006	Presidential
Chad	May 2006	Presidential

Corruption

The issue of abuse of office and misappropriation of public funds was a major concern in West Africa during 2006. All the governments of the sub-region officially declared themselves committed to the fight against corruption or reiterated their commitment to that effect at local and international fora. The reasons for such public commitments were multifaceted: external donor pressures, domestic civil society pressures, internal elite wrangling, and the adverse effects of frequent cases of scandals on governmental authority. Much of the attention, which was focused on corruption, was concentrated on the public sector and public office holders. In most countries, the commitment to fight corruption was made at the very highest level of the state but the subject, as well as the efficacy or lack thereof of governmental action, also attracted the attention of civil society groups, the media and even artists such as musicians. From Cameroon, Nigeria, Senegal, and Benin through to Ghana, Guinea, Liberia, and The Gambia, officials alleged to have perpetrated acts of corruption were dismissed from their posts and in some cases placed under arrest for prosecution.

While in the public discourse that took place very few disagreed that corruption was a serious problem that needed seriously to be combated, the way the 'anti-corruption' war was prosecuted by governments was mired in controversies of various kinds. At one level, there was concern in many countries that the war was being prosecuted in a highly selective and partisan manner, often targeting the opponents of the regime or those who were out of favour with the head of state/government. At another level, there was a considerable amount of disquiet with the inadequate attention paid by governments to due process and the rule of law in the anti-corruption struggle. The accused were generally presumed guilty even before conviction and sometimes even without an opportunity to prove their innocence. Furthermore, even as governments purported to be fighting corruption, brazen and usually well-publicised acts of abuse of office, and theft of public funds were being perpetrated by various layers of public office holders as to make nonsense of the anti-corruption crusade. West Africa, therefore, ended 2006 with corruption still remaining a major problem and the government-led struggle to contain it remaining as ineffective as it was contentious.

Deficits in Social Citizenship

For the peoples of West Africa, 2006 continued to be a year in which their quest for enriching the socio-economic content of their citizenship remained a central challenge of the democratic project in the sub-region. The depth of the problems of inequality and poverty in West Africa manifested itself in different ways during the year. West African countries occupied the lowest rungs of the UNDP Human Development Index, which in 2006 covered 177 states and territories, and average life expectancy still ranked among the lowest in the world. Indeed, one of the countries of the sub-region, Sierra Leone, was named the country with the lowest life expectancies in Africa; Guinea, Guinea-Bissau, Liberia, Nigeria, Niger, Mali, Burkina Faso, and Chad were not far behind. And yet, the sub-region was also home to some of the richest individual Africans who sat at the top of a pyramid of incomes that was getting ever broader at the base and thinner at the top. Inequality and poverty were opposite sides of the same coin; together, they were the harbingers of the crises of criminality and insecurity that continued to wrack West Africa in 2006. As is already well-known, women, the youth, and children constituted a very high proportion of the people living under conditions of extreme poverty.

Table 2: West Africa in the 2006 Human Development Index

Country	Rank	HDI Category	HDI Score
Cape Verde	106	Medium	0.722
Cameroon	144	Medium	0.506
Togo	147	Low	0.495
Mauritania	153	Low	0.486
The Gambia	155	Low	0.479
Senegal	156	Low	0.460
Nigeria	159	Low	0.448
Guinea	160	Low	0.445
Benin	163	Low	0.428
Côte d'Ivoire	164	Low	0.421
Chad	171	Low	0.368
Guinea-Bissau	173	Low	0.349
Burkina Faso	174	Low	0.342
Mali	175	Low	0.338
Sierra Leone	176	Low	0.335
Niger	177	Low	0.311

Source: UNDP, 2006 Human Development Report.

Human Trafficking

The problem of human trafficking came to the fore of policy-making and political discourse several years ago and various sensitisation measures were introduced over that period to build greater awareness about it. Steps were also taken to promote coordinated responses among the governments of West Africa in order to stem the problem. Without doubt, progress was registered in reducing the traffic during the last few years and in 2006, efforts continued in this direction. But the problem has also persisted, affecting children and women in particular, involving organised syndicates which, in some cases, maintain trans-national links, and are facilitated by collaborators within the security agencies. There was anecdotal evidence published in the media during 2006, including the testimonies of some of the victims, suggesting that organised syndicates were not only involved in the attempts by young people in West Africa to migrate by boat to Europe, but also that elements of human trafficking were involved. The persistence of the problem and its acquisition of possible new dimensions, raised questions about the seriousness with which its structural roots in household poverty have been tackled to date.

West Africa's 'Boat People'

2006 was marked by an escalation in the number of young West Africans seeking to migrate to Europe through southern Spain and Italy. They mostly came from Senegal, Mali, Guinea, and Guinea-Bissau and used Senegal and Mauritania as their staging post for the hazardous boat journey on the Atlantic Ocean to the Canary Islands and beyond. The numbers of young people involved, the frequency of the boat trips, and the tragedies that attended their attempts focused attention on the governance issues at the root of the migratory pressures that had built up and the toll which the pressures were taking in human life. Within the 'supplying' countries, the resort by the migrants to very desperate strategies that cost many of them their lives was a reminder, if any were needed, that the Youth Question in West Africa was still a live one begging for attention. It also was a pointer to the situation of desperate poverty and hopelessness with which many households were contending on a daily basis. This situation of desperation was taken full advantage of by syndicates which collected hefty, non-refundable fees in order to 'facilitate' the passage of young people intent on seeking their luck elsewhere through the boat ride to Europe; for many, it was a facilitation that led either no where or to an early death.

The responses of governments in the sub-region and in Europe to the migratory pressures also broached upon a host of governance concerns. In Europe, coordinated steps were taken to fortify border posts and to repatriate all those whose boats were arrested either at sea or shortly before they came ashore. Pressure was mounted on West African governments to undertake similar fortification measures. Within West Africa itself, there was recrimination as to who had responsibility for receiving the would-be migrants who were repatriated from Southern Europe. Mauritania and Senegal were to refuse to be the 'dumping' ground for the migrants, insisting that Europe respect existing international rules and conventions in the handling of similar cases. Their argument was bolstered with references to the fact that not all the persons repatriated were necessary nationals of their countries. In the end, agreements were signed with Mauritania and Senegal under which, with European Union support for the cost of the resettlement and/or onward repatriation of the migrants returned to their shores, and with the earmarking of resources to assist with the alleviation of the socio-economic difficulties encountered by the poor, they would be prepared to cooperate in a comprehensive resolution of the problem.

Managing West Africa's Natural Resource Wealth

Most West African countries are resource-rich territories and the management of that wealth has been an issue of long-standing concern internally and externally. In particular, the multi-faceted conflicts that have been associated over the years with the mining of the natural resources, the nature of the concessions granted by governments to mining companies, and the disputes over the distribution of the returns from the tapping of the natural resources are issues which were very much present in the sub-region in 2006. In Senegal, the government pointedly refused to grant prospecting concessions to multinational oil companies if the country was not guaranteed a higher share of the returns. Mauritania, for its part, joined Nigeria, Sierra Leone, Ghana, Liberia, Cameroon, Chad, Niger and Mali as the countries of West Africa that have committed to the Extractive Industries Transparency Initiative. Liberia under the leadership of Africa's first female President, Ellen Sirleaf-Johnson, was also to announce its discomfort with the terms of various concessions connected to minerals and rubber plantations concluded by the government of Charles Taylor. The renegotiation of the terms of the various concessions was opened during the course of 2006.

Disputes over the sharing of the fruits of the mining activities taking place in West Africa flared to new levels in Nigeria where the country's oil delta was rendered increasingly ungovernable by militant armed youths calling for complete control of the oil resources of the area by its indigenes. The activities of the youths disrupted oil production at different points during the year and their campaign was also extended to the kidnapping of expatriate workers affiliated to the international oil majors and multinational service companies active in the oil sector. Bombs were also planted in the cities of Port Harcourt and Yenagoa in what was a clear strategy to undermine confidence and win attention to the seriousness of the claims of the youth. Disputes of another type occurred in 2006 when the Chadian government, under severe pressure from internal rebel groups and contending with the fall out from the Darfur crisis, announced its decision to break out of the arrangement whereby part of its oil revenue would be disbursed under the aegis of the World Bank for the development of its social sector. The government accused the World Bank of lack of respect for its sovereign rights and also threatened to expel some of the oil majors working its oil fields.

Table 3: West African Countries in the Extractive Industries
Transparency Initiative as of December, 2006

Country	Main Resource (s)
Cameroon	Crude Oil & Timber
Ghana	Gold & Timber
Guinea	Bauxite
Mali	Gold
Mauritania	Crude Oil
Niger	Uranium
Nigeria	Crude Oil & Other Precious Minerals
Sierra Leone	Diamonds & Other Precious Minerals
Chad	Crude Oil

All the oil-producing countries of West Africa benefited from the spectacular price increases that occurred through most of 2006 even if the depreciation of the United States dollar also meant that the real gains registered were limited. Managing the resulting revenue boom was, therefore, an issue of central concern during the year. In Nigeria, the government took a decision to wipe out the country's Paris and London Club debts under a complex discounting arrangement that saw it paying out over $12 billion to its creditors. At the same time, the government took a conscious decision to build up the country's external reserves, which at the end of 2006 stood at over $40 billion. And yet, in Nigeria, as elsewhere in West Africa where governments enjoyed an oil revenue boom, the challenge which was posed was how to get them to take advantage of their enhanced financial position to address a range of pressing social issues in their countries. The governments were criticised by civil society groups and the media for not doing enough in this regard and for pursuing expenditure priorities, which did not seem to prioritise the fight against poverty, social exclusion, and the renewal of dilapidated physical infrastructure.

Governing the Urban Process

West African cities continued to experience a very rapid but uncontrolled process of urbanisation. This process occurred mainly in terms of the cons-truction boom that continued during the year. Dakar in Senegal, Banjul in The Gambia, Abuja in Nigeria, and Ouagadougou in Burkina Faso witnessed some of the most significant investments undertaken by governments in the sub-region in urban renewal and infrastructure upgrade. The framework for the investment made in Banjul was the hosting of the summit of the African Union during the year; for Senegal, it was in preparation for the hosting of the summit of the Organisation of Islamic Conference. The Burkinabe effort involved the construction of a new seat of government around which major new residential and commercial developments were structured. The development of Abuja as the new capi-tal city of Nigeria continued to absorb a considerable amount of public investments.

In spite of the investments made in Abuja, Banjul, Dakar and Ouaga-dougou, the urban expansion taking place in West Africa remained mostly informal and occurred in the context of limited infrastructural capacity that posed serious governance challenges. The first of these was how to deal with overcrowding and congestion that cost as much in productivity as in the health and well being of the urban population. The second centred on issues of security as the burgeoning urban context became the primary theatre for a spectrum of criminality that ranged from daring armed robberies and pick pocketing to trafficking in drugs and the abuse of drugs. Thus, cities such as Abidjan, Dakar, Accra, Freetown, and Ouagadougou, once known as relatively 'safe' places suffered a degeneration in their security status that threatened to get even worse. Other difficulties encountered included worsening problems of potable water supply, severe shortages of electricity supply, and difficulties with the distribution of gas and petrol.

The question of the mobilisation of resources for the purpose of effectively governing the expanding cities of West Africa, and the challenges of evolving an appropriate administrative system for managing the urban experience were brought out in sharp relief by the welter of problems that emerged in 2006. Additional to these problems, concern was generated across the sub-region that unscrupulous international companies, working with local collaborators, were once again taking advantage of the weaknesses in na-tional-territorial governance in the sub-region to dump industrial wastes, toxic and non-toxic, in the area. This concern was brought to the fore by the incident of the dumping of toxic wastes in Abidjan, Côte d'Ivoire, by a Dutch company, which cost human lives and serious respiratory and other health problems for thousands of people resident in the city. Reactions among governments across West Africa to the Ivorian dumping incident ranged from condemnation of such practices and a call for vigilance, to assurances that adequate control mechanisms were already in place to ensure that such experiences would not occur in their own countries.

Building Peace and National Reconciliation

During 2006, several countries in the sub-region that had been affected by wars and violent conflicts in previous years continued with their efforts at peace-building and national reconciliation. In Sierra Leone, the accent of the governments' efforts has been placed on re-building the institutions of state to assume their full roles in the wake of the winding down of the United Nations operation, UNAMSIL. In Liberia, President Johnson-Sirleaf took steps to launch a truth and reconciliation process in the country as a key step in post-conflict peace building. In Guinea-Bissau, the government of President Nino Viera invested efforts in the consolidation of alliances in the political system that could assist it to maintain the relative peace in the country. Mali experienced a flare in the conflict involving Touareg militants but steps were taken to contain the situation and prevent the threat of a return to full-scale conflict. Negotiations continued throughout the year between the Senegalese government and separatist Casamance militants. Nigeria and Cameroon took steps at further consolidating the peaceful resolution of their dispute over the ownership of the Bakassi Peninsula; they did so within the framework of the ruling delivered by the Internatio-nal Court of Justice at The Hague ceding the Peninsula to Cameroon.

Sub-Regional Coordination

The question of the role of the Economic Community of West African States (ECOWAS) in sub-regional governance and the structural framework for the exercise of its functions commanded attention among the political lea-ders and civil society organisations during 2006. The increased role of

ECOWAS in harmonising policies and strategies, mediating difficult domestic situations, providing advisory support, and serving as a catalyst for change in the sub-region was widely exercised and recognised during the year. ECOWAS undertook various missions to Guinea, Guinea-Bissau, Benin, Côte d'Ivoire, Sierra Leone, and Togo, to cite the most prominent examples, in order to address problems in the realm of governance that had arisen or which were in danger of escalating, or simply to contribute to the peace consolidation process.

The summit of ECOWAS leaders, known as the Authority of Heads of States and Governments, also decided in Niamey, Niger, during the year to transform the organisation into a Commission headed by a President. The change in structure and stature was to come into effect from January 2007. Debates also took place on how the capacity, remit and effectiveness of the ECOWAS Parliament might be strengthened in tandem with the overall goal of sub-regional integration coordinated by the Secretariat. This discussion was necessitated by the tensions that emerged between the office of the Speaker of the Parliament and the Executive Secretary of the Community over the order of precedence and the implications of the coordinating role of the Secretariat in all community affairs. Attention was similarly paid to the challenges of advancing the process of monetary and financial integration, with an agenda for future action being agreed upon.

Looking Ahead to 2007

Overall, 2006 was a mixed year for the West African sub-region from the governance point of view. Progress was made in some domains and difficulties encountered in others. The experiences registered suggest that in the sub-region, as elsewhere, governance is a permanent work-in-progress. While some of the governance issues that arose in West Africa may have been tackled, others remain outstanding while even new challenges emerge. Among the concerns that were prominent in 2006, it is clear that several of them will occupy a prominent place in sub-regional politics and governance in 2007. These include elections and the electoral system; the politics of succession; corruption and the management of public resources; youth restiveness, identity, citizenship, and rights; the migratory pressures among young people; the expanding boundaries of urbanisation; conflict resolution, peace-building and security; and the politics of natural resource management. The seriousness with which these issues are tackled will be directly connected to the ability of governmental and non-governmental actors to draw lessons from previous experiences and design adapted frames for further action that go beyond the symptoms of difficulties that have persisted to address their structural sources. For this purpose, OSIWA might give consideration, in defining its overall strategy for the enhancement of the prospects for a well-rounded system of democratic governance in West Africa, to convening policy dialogues on a number of issues.

Proposed Policy Dialogue Themes

Obviously, there is no shortage of topics on which, potentially, policy dialogues for the enhancement of governance in contemporary West Africa could be organised. However, from the point of view of pertinence, and in the light of the broad calendar of political events taking place in 2007, it would seem that three concerns are especially central to the contemporary challenges of governance in the sub-region to merit the focused attention of OSIWA. They include:

- The Politics of Succession in West Africa;

- Corruption and Social Citizenship;

- Youth Identity and Participation.

Using its convening power, OSIWA is encouraged to invite key policy players within and outside government (civil society, the private sector, and the research community) to engage in a problem-solving focused discussion around a carefully defined set of questions on any — or, if resources permit, all — of the suggested priority issues.

Select Bibliography

Ake, Claude, *Democracy and Development,* Washington, D.C.: The Brookings Institution, 1996.

Hyden, G., D. Olowu, O. Ogendo and W.O. Hastings (eds.), *African Perspectives on Governance,* Trenton, NJ: Africa World Press, 2000.

Mkandawire, Thandika and Charles Soludo, *Our Continent, Our Future: African Perspectives on Structural Adjustment,* Trenton, NJ.: Africa World Press, CODESRIA and IDRC, 1999.

Olowu, Dele, A. Williams and K. Soremekun (eds.), *Governance and Democratisation in West Africa,* Dakar: CODESRIA Books, 1999.

Olukoshi, Adebayo, *The Elusive Prince of Denmark: Structural Adjustment and the Politics of Governance in Africa,* Uppsala: Nordiska Afrikainstitutet, 1998.

Salih, Mohammed (ed.), *African Political Parties: Evolution, Institutionalisation and Governance,* London: Pluto Press, 2003.

Szeftel, Morris, 'Misunderstanding African Politics: Corruption and the Governance Agenda', *Review of African Political Economy,* Vol. 25, No. 76, June 1998.

www.ingramcontent.com/pod-product-compliance
Lightning Source LLC
Chambersburg PA
CBHW020008290326
41935CB00007B/352

9 782869 782129

Les tendances de gouvernance en Afrique de l'Ouest en 2006 : un rapport de synthèse

Adebayo Olukoshi

CODESRIA

Conseil pour le développement de la recherche
en sciences sociales en Afrique

Open Society Initiative for West Africa

© CODESRIA & OSIWA 2008

Tous droits réservés

ISBN: 2-86978-213-6

ISBN 13: 9782869782136

Le Conseil pour le développement de la recherche en sciences sociales en Afrique (CODESRIA) est une organisation indépendante dont le principal objectif est de faciliter la recherche, de promouvoir une forme de publication basée sur la recherche, et de créer des forums permettant aux chercheurs africains d'échanger des opinions et des informations. Le Conseil cherche à lutter contre la fragmentation de la recherche à travers la mise en place de réseaux de recherche thématiques qui transcendent les barrières linguistiques et régionales.

Le CODESRIA publie une revue trimestrielle, intitulée *Afrique et développement*, qui est la plus ancienne revue de sciences sociales basée sur l'Afrique. Le Conseil publie également *Afrika Zamani*, qui est une revue d'histoire, de même que la *Revue africaine de sociologie* ; la *Revue africaine des relations internationales (AJIA)*, et la *Revue de l'enseignement supérieur en Afrique*. Le CODESRIA co-publie également la revue *Identité, culture et politique : un dialogue afro-asiatique*, ainsi que la *Revue africaine des médias*. Les résultats de recherche, ainsi que les autres activités de l'institution sont diffusés par l'intermédiaire des « Documents de travail », la « Série de monographies », la « Série de livres du CODESRIA », et le *Bulletin du CODESRIA*.

Open Society Initiative for West Africa (OSIWA) a été créée en décembre 2000, et fait partie du réseau mondial des Fondations autonomes Soros. La Fondation s'attache à favoriser l'instauration de sociétés ouvertes en Afrique de l'Ouest, dans lesquelles prévalent la démocratie, la bonne gouvernance, l'État de Droit, les libertés fondamentales et une large participation des citoyens aux affaires publiques. OSIWA est convaincue que la meilleure manière de rendre son action efficace est d'appuyer les initiatives porteuses et novatrices, susceptibles de valoriser les activités de la société civile en Afrique de l'Ouest.

OSIWA entend collaborer avec des groupes d'intérêts publics, les fondations partageant les mêmes aspirations, les gouvernements et les donateurs. En outre, elle reconnaît l'importance que revêt la prise en compte de l'évolution de sociétés ouvertes à l'échelle mondiales et s'efforce de faire en sorte que les pays riches s'intéressent davantage à l'Afrique de l'Ouest.

OSIWA est présente dans les 15 pays membres de la Communauté économique des États de l'Afrique de l'Ouest (CEDEAO), ainsi qu'au Cameroun, au Tchad et en Mauritanie. Les pays membres de la CEDEAO sont : le Bénin, le Burkina Faso, le Capvert, la Côte d'Ivoire, la Gambie, le Ghana, la Guinée, la Guinée Bissau, le Libéria, le Mali, le Niger, le Nigeria, le Sénégal, la Sierra Leone et le Togo.

OSIWA est une fondation qui a son siège à Dakar (Sénégal). Elle a également un bureau à Abuja (Nigeria), dont l'action est essentiellement axée sur des programmes relatifs à la bonne gouvernance et aux droits de l'homme. OSIWA a aussi un bureau au Liberia qui s'occupe également des questions de Gouvernance et de Droits humains.

Sommaire

Pays couverts par l'étude

Préface

D'un point de vue historique, la région de l'Afrique de l'Ouest se distingue comme l'une des régions les plus dynamiques du continent africain. Elle est le résultat d'un long processus souvent contradictoire et toujours contesté de formation, de dissolution et de recomposition d'un État. Ce processus ayant été accompagné, à différentes étapes, de larges mouvements des populations, la sous-région a dû résoudre un certain nombre de préoccupations tenaces et centrales liées à la gouvernance. À des degrés divers, celles-ci ont contribué à forger et à caractériser les systèmes d'État contemporains ainsi que les cultures politiques qui les sous-tendent. Elles vont des règles de base pour la constitution des communautés politiques aux modes d'administration des territoires politiquement constitués, en passant par les processus d'intégration des nouvelles populations et d'obtention de leur adhésion. Ces préoccupations se sont étendues aux systèmes d'équilibre des pouvoirs dans l'exercice du pouvoir politique, à l'articulation des droits et obligations des citoyens ainsi qu'à la définition et l'opérationnalisation des règles de succession politique. À bien des égards, la sous-région, depuis le début de l'histoire des formations politiques de l'Afrique de l'Ouest à nos jours, a été régulièrement confrontée à ces questions cruciales, simplement articulées sur le temps, dans des contextes locaux ou mondiaux (qualitativement) différents.

Les chercheurs ont, depuis de nombreuses années, cherché à trouver les cadres interprétatifs appropriés pour comprendre la dynamique de la gouvernance en Afrique de l'Ouest — et ailleurs dans le monde en développement. Force est de constater que ces efforts sont, dans la plupart des cas, des tentatives de voir l'Afrique de l'Ouest à travers le regard des autres et non d'analyser les processus complexes qui s'y déroulent comme des résultats contradictoires du contexte et de l'histoire qui doivent être compris en tant que tels et dans ces circonstances spécifiques. Même si le rapport, objet de cette publication n'est pas de critiquer les principaux concepts et théories de la gouvernance, il faut d'ores et déjà avouer qu'il remet indirectement en question les approches qui, pour faire comprendre la gouvernance en Afrique de l'Ouest, procèdent exclusivement ou en premier lieu, en établissant des analogies avec les expériences histori-

ques vécues par d'autres — en particulier, l'Europe et les États-Unis — ou en modélisant ces expériences pour en faire des normes internationales dont on voudrait se servir pour valider ou invalider toute autre expérience de gouvernance.

Les décideurs de politiques n'ont-ils pas cherché consciemment, depuis le milieu des années 1980, à définir des mesures censées améliorer la gouvernance dans les régions en développement du monde dont l'Afrique de l'Ouest et renforcer les capacités locales en matière de bonne gouvernance ? Mais alors que dire des cadres d'intervention qu'ils ont développés dont la nature trop technocratique a vidé le concept de toute politique censée lui donner un sens au premier abord. Consciemment ou inconsciemment, le terme gouvernance est même devenu un code pour décrire la corruption de l'élite et/ou les pratiques répréhensibles d'un fonctionnaire. On a ainsi limité de manière drastique son champ d'application le réduisant involontairement à un discours répétitif d'une seule partie sur les pathologies. Par ailleurs, les connotations technocratiques de la gouvernance tendent à traiter le concept non pas comme un domaine dynamique chargé de possibilités contradictoires nées des luttes sociales vives mais plutôt comme un ensemble immuable de paramètres mesurables parfois constitués de manière abstraite.

Pour dépasser les principales théories actuelles sur la gouvernance et recueillir des informations sur les tendances en Afrique de l'Ouest en 2006, il a fallu donner une définition opérationnelle du concept. Cette définition repose sur le postulat selon lequel les défis de la gouvernance forment une part intégrante de tous les systèmes politiques et ne sont donc caractéristiques d'une région quelconque du monde. Pour la commodité de conception tout au moins, la gouvernance est supposée être un concept holistique qui recouvre l'ensemble des questions nécessaires à l'établissement et à la reproduction de relations équilibrées entre l'État et la société. Vue sous cet angle, l'histoire de la gouvernance devrait porter moins sur les actes répréhensibles des élites que sur les luttes d'élargissement des frontières de la citoyenneté dans un cadre de développement démocratique. L'idée que le programme de gouvernance, quel que soit le pays, est le produit de l'histoire et du contexte a été également soulignée de même que la position selon laquelle la gouvernance démocratique est un idéal sans cesse en évolution. En effet, on comprend mieux les périodes et les phases spécifiques de la gouvernance par rapport à leur situation dans un flux historique. Enfin, une lecture dialectique du concept de gouvernance est adoptée selon laquelle, les préoccupations liées à la gouvernance ne sont pas harmonieuses et unilinéaires dans leur manifestation mais plutôt multidimensionnelles

et pleine de contradictions qui traduisent à la fois des avancées et des reculs.

Nous espérons que les lecteurs trouveront en ce rapport de synthèse un résumé rapide et facilement accessible de certains des principaux développements intervenus en Afrique de l'Ouest et qui ont eu un impact direct sur la gouvernance dans la sous-région en 2006. Le présent rapport n'a pas la prétention d'être exhaustif (Il ne peut vraisemblablement pas l'être). Il n'est pas non plus structuré comme un récit chronologique (cela n'a pas été jugé souhaitable). Il cherche plutôt, dans une démarche globale, à relier entre eux sous des rubriques diverses (présentation et analyse), les différents événements enregistrés en Afrique de l'Ouest, afin de donner une idée claire de l'ensemble des questions liées à la gouvernance dont chacune peut être en soi analysée beaucoup plus en profondeur par les lecteurs qui le souhaitent.

Remerciements

La production du présent rapport de synthèse sur les tendances de la gouvernance en Afrique de l'Ouest en 2006 a mis à contribution les rapports de suivi trimestriels préparés par des chercheurs basés dans différents pays de la sous-région. Il est le produit direct d'un effort de collaboration initié au cours du dernier trimestre de 2005 entre le Conseil pour le développement de la recherche en sciences sociales en Afrique (CODESRIA) et l'Open Society Initiative for West Africa (OSIWA). Pour les besoins du travail de suivi engagé et de ce rapport de synthèse, une définition large de l'Afrique de l'Ouest englobant tous les États membres de la Communauté économique des États de l'Afrique de l'Ouest (CEDEAO), plus le Cameroun, la Mauritanie et le Tchad, a été adoptée. Le concept de gouvernance sur lequel des données ont été rassemblées et cette synthèse préparée, englobe toutes les préoccupations d'ordre politique, économique, social et culturel ayant un rapport avec les luttes visant une participation significative, une représentation effective et une amélioration progressive et sensible des moyens de subsistance en Afrique de l'Ouest. En dernière analyse, ces luttes tournent autour des questions de citoyenneté et la pléthore de droits et attentes construites tout autour pour en faire le point focal des relations entre l'État et la société. Mais compte tenu de priorités imposées aux chercheurs impliqués dans la collecte de données brutes sur les tendances, la plupart des points abordés dans cette synthèse traitent surtout de la dynamique de la politique dans le processus global de développement en Afrique de l'Ouest.

Je voudrais, en ma qualité de principal coordonnateur du travail de suivi, remercier les chercheurs qui ont participé au travail de collecte de données 2006 pour leur contribution et leur collaboration. Je remercie également le personnel du secrétariat du CODESRIA, et en particulier, Abdon Sofonou, du Programme de recherche et Jean-Pierre Diouf, du Centre de documentation et d'information du CODESRIA (CODICE) pour l'appui supplémentaire qu'ils ont apporté aux chercheurs, ainsi que pour les données complémentaires sur l'expérience de la gouvernance en Afrique de l'Ouest en 2006 qu'ils ont généré pour la réalisation du présent rapport de synthèse. Enfin, je tiens à exprimer ici toute notre appréciation au Conseil d'administration et au personnel d'OSIWA pour leur appui généreux au

programme et pour avoir accepté d'initier celui-ci dans le cadre d'un effort de collaboration entre eux et le CODESRIA. Je voudrais remercier en particulier la Directrice exécutive, Nana Tanko et le Responsable de programme chargé des Projets spéciaux, Bose Muibi, pour les encouragements qu'ils ont toujours prodigués aux participants à ce projet. Inutile de préciser que toute erreur constatée dans le rapport relève de ma responsabilité et de celle des chercheurs qui ont assuré le travail de suivi et ne saurait être attribuée ni au CODESRIA ni à OSIWA. Par ailleurs, les opinions exprimées dans le présent rapport de synthèse ne représentent pas la position officielle ni du CODESRIA ni d'OSIWA sur les sujets traités.

Adebayo Olukoshi
Dakar, Sénégal
le 12 février 2007

La gouvernance en Afrique de l'Ouest : historique et contexte contemporain

Les origines précoloniales

Sur le plan historique, la sous-région de l'Afrique de l'Ouest a depuis fort longtemps manifesté son engagement pour les questions de gouvernance ; cet engagement remonte aussi loin que les toutes premières tentatives de constitution des communautés politiques dans cette zone. Bien avant l'arrivée du premier européen et le début de l'ère coloniale, les historiens avaient directement ou indirectement souligné dans le cadre de ces tentatives ayant donné lieu à des projets de construction d'une Nation et d'un État, les nombreux défis auxquels sont confrontés les communautés politiques en formation dans la zone. La littérature a identifié parmi les défis les plus ordinaires et les plus fréquents, les tentatives de réunir les conditions fondamentales pour la constitution de nouvelles communautés politiques, les processus enclenchés pour acquérir le suffrage et la légitimité et les institutions y compris les règles requises pour la gestion des affaires publiques. Elle évoque également les diverses tentatives d'élaboration d'une constitution, de séparation des pouvoirs et de décentralisation du pouvoir, ainsi que le code moral mis au point pour encadrer les dirigeants dans l'exercice de leurs fonctions.

L'expérience coloniale

Le mode de traitement des premiers défis précoloniaux posés à la gouvernance (définis dans la période précoloniale comme des processus de gestion de l'autorité et l'habileté politique) variait d'une formation politique à l'autre, de même que le succès enregistré. Mais, faisant abstraction du processus en cours et du niveau de progrès enregistré, l'intervention coloniale a provoqué un changement radical du programme de gouvernance dans la sous-région. En ce sens qu'elle a redessiné les cartes des communautés politiques et recomposé bon nombre d'entre elles sur la base de calculs impérialistes d'opportunités et d'avantages. La gouvernance coloniale était, malgré les diverses justifications idéologiques avancées pour l'intervention européenne, un projet, par définition, plein de contradictions internes. La manière dont elle a été pratiquée en Afrique de l'Ouest a entraîné la privation des populations de leurs droits fondamentaux et l'imposition d'un régime d'exploitation systématique basé sur la race et

l'exclusion dont les racines se situent dans la nature coercitive du système d'État colonial. Les contradictions inhérentes au projet colonial devaient finalement le vouer à l'échec en Afriques de l'Ouest comme dans d'autres régions du monde colonisé. A commencer par le Ghana en 1957, les pays d'Afrique de l'Ouest devaient l'un après l'autre acquérir leur indépendance au cours des années 60 pour la plupart, et en 1975 pour le dernier groupe de pays, composés des anciennes colonies portugaises notamment le Cap-Vert et la Guinée-Bissau.

Les tentatives de gouvernance dans la période postcoloniale : 1960–1990

Au lendemain des indépendances, les pays nouvellement indépendants d'Afrique étaient confrontés à divers défis de gouvernance dont les plus visibles étaient sans doute en Afrique de l'Ouest tant par les espoirs suscités que par les difficultés rencontrées. Ces défis étaient multiples, et parmi les plus importants figuraient les problèmes et les perspectives d'élaboration d'un projet de Nation cohérent et viable à partir des communautés composées de diverses ethnies et croyances religieuses, indifféremment regroupées par les forces du colonialisme. De là est née aussi une politique à connotation ethnique du « diviser pour régner » qui a contrecarré l'évolution du nationalisme trans-ethnique. Dans une certaine mesure, cette démarche a induit la promotion des cadres de politiques permettant de réaliser un processus plus rapide et plus équilibré de développement économique et de citoyenneté sociale ; elle nécessitait aussi des investissements importants dans la construction de l'identité et de l'unité nationale. S'agissant des défis du développement économique et de la citoyenneté sociale, la performance réalisée au cours de la première décennie après les indépendances était honorable, avec des taux de croissance moyens de 7 % à 8 % et tous les indicateurs sociaux à la hausse. Toutefois, la construction d'une Nation s'est avérée beaucoup plus difficile au point de se retrouver au cœur de la plupart des problèmes de gouvernance qui ont miné l'Afrique de l'Ouest, des années 1960 à la fin des années 1980.

En Afrique de l'Ouest, les gouvernements se sont engagés pour la plupart sur le projet de construction d'une Nation persuadés, qu'il s'agissait d'un projet politique ne pouvant être réalisé que par l'État ; d'autre part, ils s'imaginaient que ce projet ne pouvait être mené à bien dans un cadre pluraliste. Ils ont donc pris, dès le lendemain des indépendances, des mesures visant à saper et à se défaire du pluralisme électoral ; ils se sont dès lors attaqués à la vie associative indépendante et aux institutions de la diversité ethnoculturelle. Il fallait réaliser l'unité nationale (et le développement) sous la bannière : une nation, un destin, un chef et un Dieu. C'est

finalement ce credo qui a justifié l'exclusion des politiques d'opposition, l'acharnement à coopter ou à décimer la main-d'œuvre, la jeunesse et les mouvements des femmes, ainsi que la concentration du pouvoir à la présidence. Dans le meilleur des cas, cette approche du projet d'unité et de développement s'est soldée par l'apparition *de jure* ou *de facto* des systèmes de parti unique. Lorsqu'elle a rencontré une résistance ou n'a pas pu surmonter les contradictions qu'elle suscitait, elle a abouti au renversement des gouvernements civils et à l'institution d'un régime militaire. Les pays de la sous-région, qu'ils reposent sur le parti unique ou l'armée, ont assisté à la militarisation généralisée de leurs systèmes politiques au fur et à mesure que la répression et la privation des droits du citoyen deviennent le mode privilégié de préservation du régime.

Depuis surtout le milieu des années 1960, l'Afrique de l'Ouest est devenue le théâtre des plus terribles cas de violence et d'instabilité politiques jamais enregistrés au cours des deux premières décennies après l'indépendance des pays africains. Outre l'emploi généralisé de la force et l'assassinat des personnalités politiques, la sous-région a acquis le statut de ceinture des coups d'État du continent africain, suite aux nombreuses prises de pouvoir par l'armée et aux contrecoups d'état perpétrés. Des conflits ethniques régionaux et religieux de dimensions variables étaient également fréquents, et dégénéraient dans certains cas en guerres civiles, avec des pertes énormes en vies humaines et en biens. N'ayant subi aucune réforme fondamentale après le retrait des forces du colonialisme, l'État lui-même a maintenu (voire renforcé) le mode coercitif de son rapport à la société. Les divers problèmes de gouvernance apparus au cours de cette période dans l'histoire de l'Afrique de l'Ouest ont soulevé des interrogations sur le contrat social sous-tendant le fonctionnement du régime politique et la place réservée aux droits de la citoyenneté. Ces questions devaient même s'imposer de plus en plus puisque les conditions économiques et sociales de l'ensemble des populations ne cessaient de se détériorer. La survenance des crises économiques dès le début des années 1980, crises exacerbées par le cadre déflationniste des ajustements structurels que le Fonds monétaire international (FMI) et la Banque mondiale ont obligé les gouvernements à adopter, annonçait les nouveaux défis que le projet d'État-Nation devait prendre en charge au lendemain des indépendances. Naguère contenus par l'environnement de guerre froide des années 1960 et 1970, ces défis devenaient plus visibles au cours des années 1980 et 1990, vers la fin des rivalités idéologiques et militaires est-ouest telles que nous les avions connues par le passé. Aussi, au début des années 1990, plusieurs régimes en place en Afrique de l'Ouest ayant épuisé leur légitimité, et sentant les tensions créées par les mécontentements provoqués par les ajustements structurels de l'éco-

nomie, devaient-ils céder aux pressions nationales et internationales favorables à l'introduction d'une nouvelle ère de pluralisme électoral.

Le contexte contemporain de la gouvernance en Afrique de l'Ouest

La vague de pressions populaires en faveur d'une réforme politique, qui a
déferlé sur l'Afrique de l'Ouest, a suscité des espoirs de « deuxième libération » pour les peuples de la sous-région. Si la première libération avait
pour objet de vaincre le colonialisme, la seconde visait la défaite du monopole politique et de la dictature. Depuis la Conférence nationale souve-
raine convoquée en République du Bénin au début des années 1990, les
gouvernements en Afrique de l'Ouest ont commencé l'un après l'autre à
céder aux pressions exercées en faveur de la réforme de leurs systèmes de
gouvernance, en ouvrant l'espace politique à tous les acteurs intéressés, en
levant les restrictions frappant les médias indépendants et la vie associative autonome, et en investissant dans le contenu de la citoyenneté, afin de
garantir aux membres de la communauté politique des enjeux individuels
et collectifs. C'est dans ce contexte que le parti unique et le régime militaire
ont pris fin, et que furent introduits de nouveaux cadres constitutionnels
pour le multipartisme politique. À l'exception des pays comme le Libéria,
la Sierra Leone, la Guinée-Bissau, et bien plus tard, la Côte d'Ivoire entrée
en guerre civile, et qui a assisté à l'effondrement de l'autorité du gouvernement central, l'histoire politique de l'Afrique de l'Ouest paraissait dans
l'ensemble prometteuse ; elle laissait entrevoir l'émergence dans la sous-
région d'une ère nouvelle de gouvernance qualitativement différente puisque des élections multipartites étaient normalement organisées, les médias
indépendants se développaient au même titre que la vie associative autonome, et les actes de violations extrêmes des droits et des règles compara-
bles aux pratiques qui avaient cours pendant l'âge d'or du parti unique/
régime militaire semblaient moins fréquents et plus modérés.

Cependant, les changements survenus dans le domaine de la
gouvernance en Afrique de l'Ouest sont aussi variables et, dans de nombreux cas, ils sont caractérisés par autant de régressions qui font de la
Question de la Gouvernance un problème d'actualité qui continue de préoccuper les peuples de la sous-région. Le contexte de pluralisme électoral
dans lequel s'inscrivent les défis contemporains de la gouvernance est,
peut être, différent de celui antérieur caractérisé par un régime répressif et
autoritaire, mais les problèmes posés ne sont pas pour autant moins importants dans la mesure où ils touchent à l'essence même de la démocratie
et de la citoyenneté à un moment où les questions de forme et de procédures

continuent de poser problème. Les coups d'États sont, peut-être, devenus de plus en plus rares, et les peuples de moins en moins tolérants face à la confiscation du pouvoir par l'armée, mais la vigueur du système législatif laisse beaucoup à désirer, et la responsabilité des élus par rapport à l'ensemble des citoyens doit être plus clairement définie. Même en admettant que les élections soient devenues quelque chose de normal, le risque de les voir réduites à des formules rituelles cyniques et coûteuses mises en scène pour satisfaire les exigences d'une légitimité internationale fait craindre à certains l'émergence de ce que Claude Ake a appelé le scénario du « voter sans choisir ». Quant à la citoyenneté sociale, un des sujets de préoccupations qui touchent aux moyens de subsistance du ressortissant ordinaire de l'Afrique de l'Ouest, elle demeure un objectif illusoire tandis qu'au même moment la fracture sociale s'élargit et que le patrimoine commun, y compris les ressources financières et naturelles, continue d'être très mal géré.

Les questions d'ordre général suscitées par la situation contemporaine de la gouvernance en Afrique de l'Ouest sont très nombreuses ; elles pourraient, en résumé, impliquer les défis suivants : l'établissement d'un contrat social pour le fonctionnement du régime politique ; l'institutionnalisation d'une culture de responsabilité démocratique à tous les niveaux du gouvernement et dans tous les aspects des affaires publiques ; la construction et/ou la consolidation d'une culture de la paix dans le système politique ; la promotion d'une plus grande équité dans le processus électoral, afin d'aboutir à un meilleur système de la représentativité ; l'élargissement de la base de participation de l'ensemble des citoyens au processus politique ; la garantie d'une meilleure représentation des groupes marginalisés (en particulier les femmes et les jeunes) ; et la défense des droits humains et civiques de l'ensemble des citoyens. Ces préoccupations sur la gouvernance sont au cœur de la politique en Afrique de l'Ouest contemporaine même si elles revêtent des formes différentes selon les pays.

Domaines couverts par le rapport

Ce rapport de synthèse est issu des rapports de suivi trimestriels par pays préparés par les chercheurs résidents sur les tendances de la gouvernance telles qu'elles se sont déroulées dans leurs pays respectifs en 2006. Pour le travail de suivi, une définition au sens large de l'Afrique de l'Ouest a été retenue, et les pays couverts sont : le Burkina Faso, le Cameroun, le Cap-Vert, la Côte d'Ivoire, le Ghana, la Guinée, la Guinée-Bissau, le Liberia, le Mali, la Mauritanie, le Niger, le Nigeria, le Sénégal, la Sierra Leone, le Tchad,

la Gambie et le Togo. Le rapport de synthèse a mis à contribution les rapports trimestriels préparés sur chacun de ces pays au cours de 2006, afin de dégager une vue d'ensemble des thèmes récurrents sur la gouvernance qui se sont recoupés entre les pays au cours de l'année. Ces thèmes font l'objet d'une brève analyse, afin de voir comment ils se sont présentés globalement en cours d'année, avec des illustrations pertinentes empruntées à différents pays spécifiques. Dans sa conclusion, le rapport présente une sélection de questions issues de l'expérience sous-régionale en matière de gouvernance en 2006 et identifie, sous forme de dialogues de politiques, des thèmes qui méritent d'être approfondis sur la base d'un aperçu des tendances observables en 2007.

Thèmes récurrents sur la gouvernance en Afrique de l'Ouest en 2006

L'hégémonie du parti au pouvoir

Un thème récurrent relevé dans presque tous les pays d'Afrique de l'Ouest est celui de l'exercice par les partis au pouvoir des avantages liés à leur charge. Ayant droit de contrôle sur les ressources de l'État dans un contexte de pauvreté généralisée, et désireux de consolider leur emprise sur le pouvoir, les partis au pouvoir, du Burkina Faso au Ghana et, du Niger au Nigeria en passant par la Gambie et le Sénégal, ont mis toute leur énergie à saper les bases des partis d'opposition dont bon nombre était dans une situation trop fragile pour défendre leur position ou affronter véritablement les partis au pouvoir. Les méthodes employées pour les miner et asseoir leur domination variaient aussi bien à l'intérieur d'un même pays qu'entre les pays ; il s'agissait, en général, d'une combinaison de méthodes. Parmi elles, on peut citer la cooptation des grandes personnalités de l'opposition en usant d'incitations diverses, l'étalage de la violence, l'utilisation des agences de sécurité pour harceler et traquer et le changement des règles au milieu du jeu politique, afin de mettre l'opposition en mauvaise posture. Dans de nombreux pays de la sous-région, et surtout au Burkina Faso, en Gambie, en Guinée et au Mali, l'hégémonie du parti ou de la coalition au pouvoir était si forte au point de devenir *de facto* un système de parti unique. Dans d'autres comme le Sénégal, où la domination du parti au pouvoir était constamment contestée, le gouvernement n'a pu faire adop-

ter une loi qu'en ayant recours à l'utilisation des majorités parlementaires. Rares étaient les pays comme le Cap-Vert où l'équilibre des forces entre le parti au pouvoir et l'opposition était tel que le gouvernement devait user plutôt d'arguments convaincants pour que sa volonté finisse par l'emporter en raison de la force, de la cohésion et de la vigilance des partis d'opposition.

Le désarroi des partis d'opposition

L'énergie investie par les partis au pouvoir dans la consolidation de leurs positions avantageuses n'a d'égale dans la sous-région que le désarroi régnant au sein de plusieurs partis d'opposition politique. Dans la majorité des pays, les processus de division au sein des partis d'opposition sont monnaie courante, et sont le résultat de plusieurs facteurs qui vont des tactiques du parti au pouvoir pour déstabiliser les partis d'opposition aux problèmes de gouvernance internes aux partis eux-mêmes. La cause à l'origine de la plupart des problèmes des partis d'opposition est très souvent leur incapacité à maintenir leur base de soutien entre deux élections. Les raisons invoquées pour expliquer cet état de choses sont variées : les difficultés financières ; l'incapacité à offrir des parrainages ; les machinations du parti au pouvoir ; les calculs vils/sectaires d'avantages ; les choix opportunistes de certains membres de la direction et la désillusion populaire à l'égard des hommes politiques. Quelques cas des plus spectaculaires du désarroi qui règne dans les rangs des partis d'opposition se sont produits au Ghana, en Gambie, en Sierra Leone, au Nigeria, au Tchad, au Cameroun, au Mali et en Guinée. Il a eu pour conséquence l'absence d'une alternative crédible aux partis au pouvoir. Devant la fragilité de l'opposition, la responsabilité d'affronter efficacement le gouvernement revenait dans un premier temps aux médias et/ou aux organisations de la société civile.

Les rapports entre l'exécutif et le législatif

Le principe de la séparation des pouvoirs qui est un élément essentiel des processus de démocratisation en cours dans différents pays d'Afrique rencontre toujours des difficultés. En Afrique de l'Ouest, on a relevé en 2006 deux grandes typologies de rapports entre l'exécutif et le législatif. La première englobe les contextes où le législatif en tant que corps était plus ou moins entièrement soumis à l'exécutif ; ce corps ne recevait ses ordres que de ce dernier et agissait dans le strict cadre défini pour l'exercice de sa charge. Ce fut le cas au Burkina Faso, au Cameroun, en Guinée, au Mali, au Niger, en Sierra Leone et en Gambie. La deuxième typologie regroupe les contextes où le législatif a essayé, non sans un certain courage, de définir

son propre espace, avec ou sans succès, afin de mieux jouer son rôle dans l'équation politique que constituent les automatismes régulateurs. Tel a semblé être le cas au Bénin, au Ghana et au Nigeria. Dans aucun pays le législatif en tant que corps n'a pu exercer son rôle de contrôle en toute autonomie. Cette situation s'explique par plusieurs facteurs même s'ils interviennent dans des contextes et des pays différents : l'insuffisance des ressources financières ; le législatif n'a pas de contrôle sur son propre budget ; la définition étriquée de la notion de discipline du parti qui pèse individuellement sur les parlementaires ; la pratique répandue de parrainage par l'exécutif, afin d'acheter le silence ou le consentement du parlement et la menace de sanctions individuelles suspendues comme une épée de Damoclès au-dessus des législateurs dans un contexte où les appareils coercitifs de l'État sont aux ordres de l'exécutif.

La violence et l'insécurité politiques

L'année 2006 a été caractérisée par de nombreux cas de violence politique en Afrique de l'Ouest. Les causes de cette violence sont aussi variées que les formes dans lesquelles elles se sont manifestées. Au chapitre des formes, il y a des querelles de faction au sein d'un même parti et des affrontements entre partis ; des assassinats d'activistes / d'adversaires politiques ; des heurts ethniques régionaux ; de violentes manifestations d'étudiants ainsi que des désaccords religieux. Parmi les pays où on a le plus enregistré de cas de violence politique en 2006 figurent la Côte d'Ivoire, la Guinée, la Guinée-Bissau, le Libéria, le Tchad, le Nigeria et le Sénégal. Mais aucun des cas de violence constatés au cours de l'année n'était aussi grave que celui survenu au Tchad ; il est intimement lié aux rapports difficiles que ce pays entretient avec le Soudan, et a participé à la dynamique ayant abouti à la crise du Darfur ; à un certain moment, il a failli entraîner le renversement du gouvernement d'Idriss Déby Itno. La libre circulation des armes légères dans la sous-région était aussi une preuve que l'insécurité et la violence politique allaient de pair dans les pays concernés.

Les rapports entre les civils et l'armée

Les rapports qu'entretenaient civils et militaires ont constitué un thème majeur en Afrique de l'Ouest pendant l'âge d'or des régimes militaires dans la sous-région, entre 1960 et le début des années 1990, lorsque la plupart des pays sont tombés sous la férule militaire à un moment ou à un autre. Après la restauration du multipartisme politique à partir des années 1990, les pays se sont investis dans la promotion des rapports plus stables entre les civils et leurs compatriotes en service dans les forces armées. Néan-

moins, dans certains pays où les conflits se poursuivaient ou qui récupéraient de la guerre civile, la violation de droits de la population civile était une pratique répandue en 2006, et allait, de l'usage de toutes les formes de violence, à l'extorsion. Dans les pays comme la Côte d'Ivoire, la Guinée, la Guinée-Bissau, le Libéria, le Tchad, la Gambie, le Nigeria et le Sénégal, les rapports entre civils et militaires étaient une importante source de préoccupations.

La police

Le maintien de l'ordre dans un contexte de démocratisation est un élément essentiel de la gouvernance. D'autant plus que la qualité du maintien de l'ordre est l'un des plus importants critères permettant de mesurer efficacement les rapports de l'État à la société. La performance enregistrée en Afrique de l'Ouest en 2006 n'a pas été très satisfaisante sur ce point. Des rapports abondent sur la violation par la police des droits du citoyen et les pratiques d'extorsion par les forces de police, très répandues dans la sous-région. Aucun pays ne fait exception même si, d'après les nombreux rapports publiés dans les médias ou rendus publics, la gravité de la situation variait d'un pays à l'autre. Les raisons avancées pour expliquer cette mauvaise performance du maintien de l'ordre dans la sous-région sont liées au manque de moyens pour financer les opérations de police, les bas salaires versés aux policiers, une formation insuffisante des policiers, une culture de la corruption enracinée dans la police elle-même ainsi que l'inadéquation des mécanismes institutionnels censés protéger les droits et les intérêts du public en général.

La gouvernance interne des partis politiques

Comme déjà indiqué, les crises de la politique des partis ont continué à occuper une place prépondérante dans le paysage de la gouvernance en Afrique de l'Ouest en 2006. Parmi les problèmes internes aux partis observés en 2006, beaucoup ont un rapport avec les questions fondamentales liées à la gouvernance interne des partis concernés qu'ils soient au pouvoir ou dans l'opposition. Le processus de prise de décision ne semble pas reposer sur une base suffisamment large, les mécanismes internes de mobilisation de l'opinion n'existent pas en général, et les dispositifs de gestion des conflits sont sous-développés. Certains des conflits enregistrés ont opposé des responsables de parti à certains membres ayant des charges électives ou occupant de hautes fonctions. Ces derniers ont défié les premiers qui les ont sanctionnés ou cherchent à les sanctionner en retour. D'autres conflits portent sur la répartition du pouvoir et des compétences.

Par ailleurs, des rivalités entre élus et des divergences sur la stratégie à mener sont les causes probables des problèmes auxquels l'administration des partis a été confrontée. Les crises de gouvernance internes aux partis constatées en 2006 expliquent pour l'essentiel les défections croisées entre partis, la formation de nouvelles alliances électorales, la mort de certains partis et la création de nouveaux partis.

L'indépendance du judiciaire

L'indépendance du judiciaire est un des objectifs visés par les efforts entamés depuis le début des années 1990, d'une part, pour rétablir les fondements de la gouvernance en Afrique de l'Ouest, et d'autre part, pour rendre le système judiciaire plus démocratique. En 2006, la performance du système judiciaire dans la sous-région a été mitigée. Parmi les réalisations positives, il faut citer une meilleure prise de conscience de la nécessité pour le système judiciaire d'être pleinement soutenu, afin qu'il puisse jouer un rôle efficace dans l'administration de la justice dans le processus politique. Ce besoin de reconnaissance est à la base des activités de la société civile au Ghana, au Nigeria, en Gambie, en Côte d'Ivoire, au Sénégal, en Sierra Leone, au Mali, au Cameroun et en Guinée-Bissau, qui ont pour objet de doter le système judiciaire de moyens permettant de l'outiller correctement, afin qu'il puisse jouer son rôle. Les organisations de la société civile ont également exercé des pressions sur les gouvernements pour les amener à respecter les décisions du tribunal, en particulier, lorsque les jugements prononcés ne sont pas favorables aux représentants ou aux agences de l'État. Cette question a souvent été évoquée en 2006 au Nigeria, en Gambie, en Guinée et au Burkina Faso. Il apparaissait clairement, en 2006, que la fonction de juge était un métier à risque ; au Bénin, un membre du barreau a été assassiné, et l'enquête sur les circonstances de sa mort a été l'un des événements majeurs de la scène politique au cours de l'année.

Les médias

Les médias ont généralement joué un rôle positif dans la gouvernance en Afrique de l'Ouest en 2006. Le pluralisme des médias a été maintenu dans la plupart des pays, notamment en ce qui concerne les quotidiens, les hebdomadaires/revues mensuelles d'actualités et les chaînes de radios. Les chaînes de télévision ont connu aussi un certain pluralisme même si les avancées dans ce domaine sont inégales dans la mesure où l'État détient toujours un monopole ou maintient une domination très disproportionnée notamment (et peut-être assez étonnamment au Sénégal). L'accès aux nouvelles technologies de l'information et de la communication à connu égale-

ment des évolutions rapides dans la sous-région de même que leur déploiement comme moyens de communication et d'information du public. Les arrestations de journalistes ont été moins fréquentes que d'habitude dans la sous-région, cependant en Gambie, au Nigeria, au Cameroun, en Guinée et au Tchad, les gouvernements ont toujours eu recours aux agents de sécurité pour intimider, et parfois persécuter les médias indépendants. Dans un certain nombre de pays, des incendies d'origine mystérieuse ont ravagé les locaux de la rédaction des médias indépendants.

Après plusieurs années de lutte, les médias nigérians et les groupes de la société civile ont eu une raison de manifester leur joie lorsque le sénat a adopté la loi sur la liberté d'accès à l'information ; cette loi donnera aux citoyens le droit d'accès à l'information sur les activités du gouvernement qui naguère étaient gardées secrètes. La radio *Democracy in West Africa*, basée au Sénégal, a également renforcé sa présence au lendemain de son inauguration ; aussi parce qu'elle est devenue une source importante d'informations et de débats hors de portée de certains régimes parmi les plus répressifs qui ont pu limiter l'accès du public à l'information sur la politique du gouvernement à travers les médias. Mais, la plus grande contribution des médias à la gouvernance en Afrique de l'Ouest en 2006 ne réside-t-elle pas dans la méthode concertée de déployer leur influence et leur présence, obligeant les régimes à rester vigilants dans la plupart des pays ? Au Nigeria, c'est grâce essentiellement à la vigilance et à l'esprit combatif des médias que le programme du gouvernement Obasanjo, qui a voulu modifier la constitution en faveur d'un troisième mandat pour le président et les gouverneurs a échoué ; en effet, les médias ont mené une campagne sans répit pour discréditer ce projet. Au Sénégal, les médias ont également joué un rôle d'observateur tenace pour empêcher certaines dérives du gouvernement. Au Ghana, des cas de corruption et d'indiscrétion dans la conduite de hauts fonctionnaires ont été relayés auprès du public par les médias. Par ailleurs, le rôle des médias qui ont dénoncé certaines contradictions dans les campagnes du gouvernement contre la corruption s'est avéré crucial. En clair, il semble que l'audace que les médias, dans leur pluralisme, ont démontrée dans l'accomplissement de leur mission marque une nouvelle étape dans la gouvernance en Afrique de l'Ouest.

La politique de décentralisation

La décentralisation était au cœur de la réforme de la gouvernance entreprise en Afrique de l'Ouest à partir des années 1990. Plusieurs pays de la sous-région, surtout le Mali et le Ghana, ont été salués comme des exemples d'une décentralisation réussie des pouvoirs administratifs. Mais, la décentralisation réalisée suscite toujours une question : quelle est la viabi-

lité des agences locales de l'administration du point de vue des ressources dont elles ont besoin pour fonctionner véritablement et de manière durable ? Dans tous les pays de la sous-région, cette question s'est posée en 2006, car les structures décentralisées de l'administration étaient à court d'argent pour assurer la fourniture des services de base et répondre aux attentes de l'ensemble des citoyens. Les difficultés rencontrées mettent en lumière les limites de nombre de décentralisations réalisées et la nécessité de pousser la réflexion plus loin ; en d'autres termes, comment doter ces structures locales en pouvoirs et ressources ou en capacités de mobilisation des ressources dont elles ont besoin.

La politique de succession

Dans toute l'Afrique de l'Ouest en 2006, les préparatifs relatifs aux élections imminentes ou futures ont donné lieu à toute une série intéressante de calculs autour de la succession des candidats sortants ; cet aspect a constitué un enjeu central de la politique au cours de l'année. Ces calculs, qui se sont traduits différemment, étaient perceptibles tant dans les rapports à l'intérieur d'un même parti qu'entre les partis. Au Bénin comme au Sénégal, les partis au pouvoir ont essayé de reporter les élections. La manœuvre du parti au pouvoir au Sénégal a réussi malgré une opposition tonitruante et les protestations de la société civile; au Bénin, elle a échoué et Mathieu Kérékou a été obligé de remettre le pouvoir à Yayi Boni, le candidat qui a remporté les élections présidentielles. Dans nombre de pays, et surtout au Burkina Faso, au Tchad et en Gambie, les amendements à la constitution ont été menés à terme, afin de supprimer toutes les dispositions relatives à la limitation des mandats ; une tentative similaire a été mise en échec au Nigeria. Dans les pays qui n'ont ni reporté les élections ni abandonné l'idée de limiter les mandats par la constitution, les efforts ont porté sur la réélection des candidats sortants éligibles ou le renforcement des positions des uns et des autres pour succéder aux candidats sortants inéligibles. Dans ce dernier cas, les positionnements à l'intérieur des partis au pouvoir ont entraîné une forte politique de faction qui a vu certaines personnalités en vue être ou se sentir perdante, et choisir de créer leurs propres plateformes indépendantes pour briguer le pouvoir. Ce fut le cas du SLPP au pouvoir en Sierra Leone où la préférence affichée par le Président sortant Tejan Kabah pour son vice-président Solomon Berewa comme son successeur, a conduit le descendant de la dynastie politique des Margai, Charles Margai à quitter le parti pour fonder son propre parti.

Au sein des partis d'opposition, la politique de succession transparaît également, avec des luttes de positionnement entre candidats pour porter la bannière du parti. Au Ghana, l'ancien parti au pouvoir, le NDC a été le

théâtre de luttes internes des plus acharnées mais il n'est pas le seul. La politique de succession a également eu des relents de luttes pour le contrôle des règles du jeu politique. En Côte d'Ivoire, ces luttes ont abouti au blocage encore une fois des élections prévues tandis qu'en Mauritanie où un coup d'État a ramené le pays sous le régime militaire, la politique de succession a suscité des débats sur les dispositions de la constitution censées encadrer le processus électoral. Au Togo, les crises qui ont suivi la mort de Gnassingbe Eyadema ont posé un autre type de problème de succession après l'intervention quelque peu audacieuse de l'armée pour contourner la constitution, bouleverser la hiérarchie législative et imposer son fils au pays. L'opposition locale et internationale a forcé l'armée à se retirer même si en définitive Faure Gnassingbe a émergé comme le successeur de son père, à l'issue des élections organisées plus tard en 2005. Les retombées de cet événement étaient encore en 2006 un important point de repère pour l'organisation politique au Togo.

Le système électoral

Les débats sur la gouvernance en 2006 ont également abordé une autre question importante : les contestations du processus électoral. Dans les pays comme le Bénin, la Gambie, le Nigeria et le Sénégal, d'une part, et le Tchad, le Cap-Vert et la Côte d'Ivoire, d'autre part, les populations ont souvent critiqué le processus d'inscription des électeurs. Des questions de principe ont été également soulevées concernant l'indépendance des autorités investies du pouvoir de superviser les élections. La Mauritanie, soucieuse de préparer une transition crédible du pouvoir, de l'armée à un gouvernement civil élu, a ouvert des débats publics sur les voies et moyens de donner au cadre institutionnel de gouvernance électorale toute la crédibilité susceptible de susciter l'adhésion de la population. Par ailleurs, le mode de financement des élections a suscité des interrogations ; c'est ainsi que le président sortant du Bénin, en l'occurrence, a essayé, mais en vain, de reporter les élections au motif que le pays ne pouvait pas en supporter le coût; son homologue du Sénégal, lui, a réussi à le faire malgré les protestations tonitruantes de l'opposition.

Sur un autre plan, les médias et les organisations de la société civile ont tiré la sonnette d'alarme sur les coûts exorbitants et croissants des élections en Afrique de l'Ouest, ce qui veut dire en fait qu'une majorité de personnes susceptibles de participer au processus politique sont simplement exclues parce qu'elles ne pouvaient pas en supporter le coût. Un grand nombre de ceux qui sont entrés en lice ont pu le faire grâce à un accès privilégié aux ressources publiques, à un enrichissement illicite, ou ont pu compter sur le parrainage des « parrains » nantis qui ont investi dans leur

candidature, dans l'espoir d'être récompensés en retour en cas de victoire de leurs candidats. Le « parrainage » a fait partie des thèmes d'actualité en 2006 au Nigeria où la question a occupé le devant de la scène politique, à la suite des crises de confiance survenues entre certains « parrains » et leurs « filleuls » exerçant une charge élective ; suite à cette brouille, plusieurs anciens parrains se sont mis à organiser le limogeage de leurs anciens filleuls. La politique de « parrainage » a aussi joué au grand jour en Guinée et au Sénégal où les coalitions qu'elle a produites ou sur lesquelles elle a reposé sont devenues extrêmement instables.

D'autres débats ont porté sur la méthode de voter et le mode d'identification des électeurs dans l'isoloir. Au Nigeria où doivent se tenir des élections en 2007, ces débats se sont focalisés sur la garantie de la liberté et la transparence des élections prévues ; mais, même dans les pays où la crainte d'élections truquées n'a pas été exprimée aussi ouvertement qu'au Nigeria, elle était quand même bien présente en fond de campagne. Le Sénégal a procédé à un amendement des règles électorales pour permettre aux membres des forces armées du pays d'exprimer leur suffrage pour la première fois de son histoire depuis l'indépendance. Cette décision a suscité beaucoup d'inquiétude comparable à la forte tension qui a suivi l'introduction d'une nouvelle carte d'électeur et le nouveau tracé des circonscriptions. L'identification des électeurs a suscité des débats dans presque tous les pays où des élections ont eu lieu. Au Nigeria, pour régler le problème de l'identification des électeurs, il a été proposé d'introduire un dispositif électronique qui a aussitôt provoqué une violente polémique au sein du système politique jusqu'à son abandon.

Tableau 1 : Les élections en Afrique de l'Ouest en 2006

Pays	Date	Type d'élections
Cap Vert	jan. 2006	législatives
	févr. 2006	présidentielles
Bénin	mars 2006	présidentielles
Tchad	mai 2006	présidentielles

Les résultats des élections tenues en 2006 n'ont, toutefois, pas été aussi durement contestés qu'on aurait pu simplement l'imaginer eu égard aux tentatives d'intimidation qui ont précédé le vote : aucun pays n'a connu une violence à grande échelle, et au Bénin et au Cap-Vert, les partis d'opposition ont accepté le verdict des urnes en dépit des préjugés qu'ils pouvaient avoir, par ailleurs, sur tel ou tel aspect du processus électoral. Il est

également intéressant de constater que dans un certain nombre de cas, les partis ont formé des alliances et des coalitions, ce qui veut dire que le parti victorieux devait partager le pouvoir avec des partenaires de taille plus modeste.

La corruption

Les abus de pouvoir et le détournement des deniers publics ont constitué une importante source de préoccupations en Afrique de l'Ouest en 2006. Tous les gouvernements de la sous-région se sont officiellement déclarés engagés dans la lutte contre la corruption ou ont renouvelé cet engagement à l'occasion des forums nationaux et internationaux. Les raisons de ces engagements publics sont multiples : pressions des bailleurs extérieurs, pressions internes de la société civile, activisme de l'élite locale, et les retombées négatives des scandales fréquents sur l'autorité gouvernementale. En matière de corruption, l'attention a surtout porté sur le secteur public et les fonctionnaires. Dans la plupart des pays, l'engagement de combattre la corruption a été pris au plus haut niveau de l'État, mais ce sujet et celui de l'efficacité ou de l'inefficacité de l'action gouvernementale ont également attiré l'attention des groupes de la société civile, des médias et même des artistes notamment des musiciens. Des pays comme le Cameroun, le Nigeria, le Sénégal, aux pays comme le Bénin, le Ghana, la Guinée, le Libéria et la Gambie, des fonctionnaires soupçonnés d'avoir commis des actes de corruption ont été licenciés et parfois arrêtés pour être jugés.

Certes, dans le discours public, presque tout le monde s'accorde à considérer la corruption comme un problème grave qu'il faut absolument combattre, mais la manière dont les gouvernements ont lutté contre la corruption a souvent été sujet à toutes sortes de controverses. Dans de nombreux pays, certains ont estimé que cette lutte était menée de manière trop sélective et partisane, dans la mesure où elle ciblait souvent les adversaires du régime ou ceux qui ont perdu grâce devant le chef de l'État/gouvernement. D'autres, très inquiets, ont accusé les gouvernements d'avoir ignoré les procédures réglementaires et la primauté du droit dans la lutte contre la corruption. Les accusés sont généralement présumés coupables avant même d'être jugés ou d'avoir la chance de prouver leur innocence. Qui plus est, au même moment où les gouvernements étaient censés combattre la corruption, des abus de pouvoir et des détournements de deniers publics flagrants bien connus du public étaient commis à différents échelons de la fonction publique au point d'enlever toute crédibilité à la soi-disant croisade contre la corruption. L'Afrique de l'Ouest a donc terminé l'année 2006 alors que la corruption demeure encore un problème majeur et que la lutte des gouvernements pour la juguler reste toujours aussi inefficace que controversée.

Les insuffisances de la citoyenneté sociale

Pour les peuples d'Afrique de l'Ouest, la poursuite en 2006 de leur quête pour enrichir le contenu socio-économique de leur citoyenneté demeure un défi central du projet démocratique dans la sous-région. La gravité des problèmes d'inégalité et de pauvreté s'est manifestée sous diverses formes au cours de l'année. Les pays d'Afrique de l'Ouest se retrouvent au plus bas de l'Indice de développement humain du PNUD qui, en 2006, a couvert 177 États et territoires, et l'espérance de vie moyenne dans ces pays est toujours parmi les moins élevées du monde. En effet, un des pays de la sous-région, la Sierra Leone, a été désigné comme le pays ayant l'espérance de vie la moins élevée en Afrique ; la Guinée, la Guinée-Bissau, le Libéria, le Nigeria, le Niger, le Mali, le Burkina Faso et le Tchad ne sont pas loin derrière. N'empêche que la sous-région compte quelques Africains très riches assis sur une pyramide de revenus qui ne cessent de s'élargir à la base et de se rétrécir au sommet. L'inégalité et la pauvreté représentent les deux faces d'une même pièce de monnaie ; ensemble, elles sont les signes avant-coureurs des crises de la criminalité et de l'insécurité qui ont continué de sévir en Afrique de l'Ouest en 2006. C'est bien connu, les femmes, les jeunes et les enfants représentent la majorité des personnes vivant dans l'extrême pauvreté.

Tableau 2 : Afrique de l'Ouest dans l'indice de développement humain, édition 2006

Pays	Rang	Catégorie dans IDH	Score dans IDH
Cape Vert	106	moyen	0,722
Cameroun	144	moyen	0,506
Togo	147	faible	0,495
Mauritanie	153	faible	0,486
Gambie	155	faible	0,479
Sénégal	156	faible	0,460
Nigeria	159	faible	0,448
Guinée	160	faible	0,445
Benin	163	faible	0,428
Côte d'Ivoire	164	faible	0,421
Tchad	171	faible	0,368
Guinée-Bissau	173	faible	0,349
Burkina Faso	174	faible	0,342
Mali	175	faible	0,338
Sierra Leone	176	faible	0,335
Niger	177	faible	0,311

Source : PNUD, *Rapport sur le développement humain*, édition 2006.

Le trafic des êtres humains

Depuis de nombreuses années déjà, le problème du trafic des êtres humains a été au cœur de la conception de politiques et du discours politique, et diverses mesures de sensibilisation ont été initiées au cours de cette période-là pour inciter à une meilleure prise de conscience du problème. Des dispositions ont été prises, par ailleurs, pour promouvoir une réaction concertée des gouvernements en Afrique de l'Ouest contre ce fléau. Il ne fait pas de doute que des progrès ont été enregistrés dans la solution du problème au cours de ces dernières années, et des efforts poursuivis en 2006. Néanmoins, le problème perdure, et touche les enfants et les femmes, en particulier ; il met en scène des syndicats du crime organisé qui, dans certains cas, ont des ramifications au-delà des frontières nationales ; la complicité des personnes en service au sein des agences de sécurité a également facilité ce phénomène. Selon certaines victimes, dans les quelques cas rapportés par les médias en 2006, les milieux du crime seraient non seulement responsables des tentatives d'émigration des jeunes ouest-africains par bateau vers l'Europe, mais cette activité illicite du crime organisé s'étendrait au trafic des êtres humains. La persistance du problème et les nouvelles dimensions qu'elle pourrait prendre amènent à s'interroger sur le sérieux du traitement à ce jour de ses causes structurelles dans la pauvreté des ménages.

Les « Boat People » d'Afrique de l'Ouest ou l'émigration des jeunes Ouest-Africains par bateau

L'année 2006 a été marquée par l'augmentation du nombre de jeunes Ouest-africains tentant d'émigrer vers l'Europe en passant par le sud de l'Espagne et l'Italie. La plupart, sont venus du Sénégal, du Mali, de la Guinée et de la Guinée-Bissau, le Sénégal et la Mauritanie servant d'étape ultime avant d'embarquer sur un bateau pour continuer leur voyage risqué sur l'océan Atlantique jusqu'aux îles Canaries et au-delà. Le nombre de jeunes impliqués, la fréquence des voyages en bateau, et les tragédies qui ont émaillé leurs tentatives ont attiré l'attention sur les questions de gouvernance à l'origine de ces pressions migratoires qui se sont intensifiées et les pertes en vies humaines. Dans les pays « de départ », le recours des migrants à des stratégies désespérées qui ont coûté la vie à bon nombre d'entre eux nous rappellent, s'il en était besoin, que la Question des Jeunes en Afrique de l'Ouest demeure un problème ardent qui demande que l'on s'en occupe. Il est aussi révélateur de l'état d'extrême pauvreté et de désespérance que beaucoup de ménages doivent affronter au quotidien. Le crime organisé a su profiter pleinement de cet état de désespoir, en se faisant payer des

sommes exorbitantes et non remboursables pour « faciliter » le passage des jeunes désireux de tenter leur chance ailleurs, en gagnant l'Europe par bateau ; pour beaucoup, c'est un service de facilitation qui n'a mené nulle part sinon vers une mort prématurée.

Les gouvernements en Afrique de l'Ouest et en Europe ont réagi aux pressions migratoires, en abordant un certain nombre de préoccupations touchant à la gouvernance. En Europe, les pays ont agi de concert pour renforcer leurs postes-frontières, et rapatrier tous les migrants dont les bateaux ont été arraisonnés en mer ou peu avant de toucher terre. Il a été demandé aux gouvernements ouest-africains de mettre en place des mesures de contrôle similaires. En Afrique de l'Ouest même, des récriminations quant à qui revient la responsabilité de recevoir ces migrants rapatriés du sud de l'Europe, ont été exprimées. La Mauritanie et le Sénégal ont refusé d'être le « dépotoir » des migrants ; ils ont insisté pour que l'Europe respecte les règles et les conventions internationales existantes dans le cas d'espèce. Ils ont renforcé leur argumentaire en faisant remarquer que toutes les personnes rapatriées ne sont pas nécessairement des ressortissants de leurs pays. En fin de compte, des accords ont été signés avec la Mauritanie et le Sénégal aux termes desquels, sous réserve d'une part, de l'aide financière de l'Union européenne pour financer le rétablissement et/ou le rapatriement des migrants ramenés sur leurs côtes vers leur destination finale, et d'autre part, de l'affectation des ressources à l'allégement des difficultés socio-économiques des pauvres, ils seraient disposés à collaborer à la résolution globale du problème.

La gestion des richesses en ressources naturelles de l'Afrique de l'Ouest

La plupart des pays d'Afrique de l'Ouest sont des territoires riches en ressources, et la gestion de cette richesse a depuis longtemps été une source de préoccupations tant internes qu'externes. En particulier, les conflits aux mille facettes liés au fil des années au processus d'exploitation des ressources naturelles, à la nature des concessions accordées par les gouvernements aux compagnies minières et aux controverses sur la distribution des revenus tirés de l'exploitation des ressources naturelles sont autant de sujets d'actualité dans la sous-région en 2006. Au Sénégal, le gouvernement a ostensiblement refusé d'accorder des concessions de prospection aux compagnies pétrolières multinationales si le pays n'a pas la garantie d'avoir une part plus conséquente dans les revenus générés. La Mauritanie, pour sa part, a rejoint, au même titre que le Nigeria, la Sierra Leone, le Ghana, le Libéria, le Cameroun, le Tchad, le Niger et le Mali, le groupe de

pays d'Afrique de l'Ouest ayant adhéré à l'Initiative pour la Transparence des Industries Extractives. Le Libéria sous la conduite de la première femme présidente en Afrique, Ellen Sirleaf-Johnson, a également fait part de son malaise devant les conditions d'exploitation de plusieurs concessions sur les minerais et les plantations de caoutchouc conclues par le gouvernement de Charles Taylor. La renégociation des conditions d'exploitation de diverses concessions a été ouverte en 2006.

Les querelles sur le partage des fruits de l'activité minière en Afrique de l'Ouest ont pris une nouvelle tournure au Nigeria ; le delta, site d'exploitation du pétrole dans ce pays, est rendu de plus en plus ingouvernable par de jeunes militants armés qui appellent au contrôle total des ressources pétrolières de la région par les autochtones. Par leurs activités, ces jeunes ont perturbé la production pétrolière sur différents sites au cours de l'année ; ils ont même étendu leur campagne à l'enlèvement des travailleurs expatriés liés aux principales compagnies pétrolières internationales et aux sociétés multinationales de services impliquées dans le secteur pétrolier. Des bombes ont aussi explosé dans les villes de Port Harcourt et de Yenagoa, dans ce qu'il fallait considérer comme une stratégie claire destinée à saper la confiance et à faire prendre au sérieux les revendications de ces jeunes. Des conflits d'un autre type se sont produits en 2006 lorsque, face à la forte pression des groupes rebelles à l'intérieur du pays, et aux prises avec les retombées de la crise du Darfour, le gouvernement tchadien a annoncé sa décision de rompre l'accord qui le liait à la Banque Mondiale et qui prévoyait qu'une partie de ses revenus pétroliers serait décaissée sous l'égide de la Banque Mondiale pour développer son secteur social. Le gouvernement a accusé la Banque Mondiale de ne pas respecter ses droits souverains, et a également menacé d'expulser quelques-unes des principales compagnies prospectant dans la zone des gisements pétroliers.

Tous les pays producteurs de pétrole en Afrique de l'Ouest ont profité des augmentations spectaculaires de prix survenues tout au long de 2006 même si la baisse du dollar américain en a limité la portée réelle. La gestion des revenus ainsi accumulés est donc devenue au cours de l'année un souci central. Au Nigeria, le gouvernement a pris la décision d'apurer les dettes du pays à l'égard des Clubs de Paris et de Londres, dans le cadre d'un accord complexe d'escompte qui l'a obligé à payer plus de 12 milliards de dollars à ses créanciers. En même temps, le gouvernement a délibérément pris la décision de reconstituer les réserves extérieures du pays qui, à fin 2006, se chiffraient à plus de 40 milliards de dollars. Malgré tout, au Nigeria comme ailleurs en Afrique de l'Ouest où les gouvernements ont vu leurs revenus pétroliers s'accroître sensiblement, le défi a été de savoir comment ils allaient réussir à tirer profit du renforcement de leur situation financière

pour aborder toute une série de questions sociales urgentes dans leurs pays. Les gouvernements ont été critiqués par des groupes de la société civile et les médias de n'avoir pas fait tout ce qu'il fallait dans ce domaine et de se préoccuper plutôt de la poursuite des dépenses prioritaires qui ne semblent pas avoir accordé la priorité à la lutte contre la pauvreté, l'exclusion sociale et le renouvellement d'une infrastructure délabrée.

Tableau 3 : L'Initiative pour la Transparence des Industries Extractives dans les pays d'Afrique de l'Ouest membres, à fin décembre 2006

Pays	Principale(s) ressource(s)
Cameroun	pétrole brut et bois d'œuvre
Ghana	or & bois d'œuvre
Guinée	bauxite
Mali	or
Mauritanie	pétrole brut
Niger	uranium
Nigeria	pétrole brut & autres minerais précieux
Sierra Leone	diamants & autres minerais précieux
Tchad	pétrole brut.

La gestion du processus urbain

Les villes d'Afrique occidentale continuent de connaître un processus très rapide mais incontrôlé d'urbanisation. Il s'est traduit essentiellement par l'essor enregistré dans le secteur du bâtiment au cours de l'année. Dakar au Sénégal, Banjul en Gambie, Abuja au Nigeria et Ouagadougou au Burkina ont enregistré les plus gros investissements jamais réalisés par les gouvernements de la sous-région dans la réfection des villes et la mise à niveau des infrastructures. L'organisation du sommet de l'Union africaine au cours de l'année a fourni le cadre pour les investissements réalisés à Banjul ; au Sénégal, ce sont les préparatifs pour l'organisation du sommet de l'Organisation de la conférence islamique. Au Burkina, l'effort a porté sur la construction d'un nouveau siège du gouvernement autour duquel les principaux et nouveaux espaces résidentiels et commerciaux à développer sont structurés. Le développement d'Abuja comme nouvelle capitale du Nigeria continue à engloutir d'énormes investissements publics.

Malgré les investissements réalisés à Abuja, à Banjul, à Dakar et à Ouagadougou, le développement urbain en cours en Afrique de l'Ouest reste pour l'essentiel informel et s'est déroulé dans un contexte de capacités

infrastructurelles limitées qui ont posé de graves défis de gouvernance. Le premier de ces défis est celui de savoir comment traiter le surpeuplement et la concentration qui ont coûté autant en productivité qu'en santé et bien-être de la population urbaine. Le deuxième défi a porté sur des questions de sécurité, puisque le contexte du développement urbain est devenu le lieu privilégié de tout un ensemble d'actes criminels qui vont des vols audacieux à mains armées au trafic de drogues et à l'usage abusif des stupéfiants, en passant par le pickpocket. Ainsi, les villes comme Abidjan, Dakar, Accra, Freetown, et Ouagadougou naguère considérées comme des endroits relativement « sûrs » ont connu une dégradation de la sécurité qui risque de s'empirer. Parmi d'autres difficultés rencontrées figurent les difficultés croissantes en matière de fourniture d'eau potable, des pénuries graves dans l'alimentation électrique et des problèmes de distribution du gaz et de l'essence.

La question de la mobilisation des ressources devant permettre de mieux gérer le développement des villes en Afrique de l'Ouest, et les défis que comportent la mise en place d'un système administratif adéquat de gestion des expériences urbaines sont clairement mis en relief par la multitude de problèmes qui ont émergé en 2006. En plus de ces problèmes, on a eu le sentiment dans toute la sous-région que des compagnies internationales sans scrupules, aidées par des complices locaux, profitaient encore une fois des insuffisances de la gouvernance aux niveaux national et territorial dans la sous-région pour y décharger des déchets industriels toxiques et non toxiques. Ce souci est devenu d'actualité à la suite de l'incident impliquant une compagnie hollandaise venue décharger ses déchets toxiques à Abidjan en Côte d'Ivoire, une opération qui a coûté des vies humaines et a causé de graves problèmes respiratoires et autres problèmes de santé à des milliers de résidants de la ville. Les réactions des gouvernements dans la sous-région à cet incident ivoirien vont de la condamnation de telles pratiques et un appel à la vigilance aux assurances que des dispositifs de contrôle idoines étaient déjà en place pour éviter la répétition de telles expériences dans leurs propres pays.

La construction de la paix et la réconciliation nationale

Au cours de 2006, de nombreux pays de la sous-région, qui avaient été ravagés des années auparavant par des guerres et des conflits violents, ont poursuivi des efforts de paix et de réconciliation nationale. En Sierra Leone, le gouvernement s'est concentré sur la reconstruction des institutions de l'État, afin qu'elles puissent jouer pleinement leurs rôles à la veille du départ de la mission des Nations Unies, UNAMSIL. Au Libéria, la Présidente

Johnson-Sirleaf a lancé un processus vérité et réconciliation dans le cadre d'une politique destinée à ramener la paix dans le pays après le conflit. En Guinée-Bissau, le gouvernement du Président Nino Vieira s'est attaché à consolider les alliances au sein du système politique avec ceux qui pourraient l'aider à maintenir une paix relative dans le pays. Le Mali a vu le conflit avec les militants Touaregs s'intensifier, mais des mesures ont été prises pour empêcher la situation de dégénérer à nouveau en un véritable conflit. Des négociations ont eu lieu tout au long de l'année entre le gouvernement sénégalais et les militants séparatistes de Casamance. Le Nigeria et le Cameroun ont pris des mesures dans le sens du renforcement de la recherche d'une solution pacifique au conflit qui les oppose sur la propriété de la Péninsule de Bakassi, et ce dans le cadre du jugement rendu par la Cour internationale de justice de la Haie qui a attribué la Péninsule au Cameroun.

La coordination sous-régionale

En 2006, les dirigeants politiques et les organisations de la société civile se sont intéressés à la question du rôle de la Communauté économique des États de l'Afrique de l'Ouest (CEDEAO) dans la gouvernance sous-régionale ainsi qu'au cadre structurel de l'exercice de ses fonctions. La CEDEAO a pleinement joué un rôle accru et reconnu comme tel au cours de l'année, en matière d'harmonisation des politiques et des stratégies, de médiation lorsque les pays font face à des difficultés internes, de conseil et d'initiateur du changement dans la sous-région. Elle a effectué plusieurs missions en Guinée, en Guinée-Bissau, au Bénin, en Côte d'Ivoire, en Sierra Leone et au Togo, pour ne citer que quelques cas très pertinents, afin de régler des problèmes de gouvernance ayant surgi ou risquant de s'aggraver ou simplement pour contribuer au processus de consolidation de la paix.

Le sommet des dirigeants de la CEDEAO connu sous le nom d'Autorité des Chefs d'État et de Gouvernement, a également pris la décision à Niamey au Niger, au cours de l'année, de transformer l'organisation en une commission dirigée par un président. Le changement de structure et de stature devait intervenir en janvier 2007. Des débats ont également été menés sur les voies et moyens de renforcer la capacité, le mandat et l'efficacité du parlement de la CEDEAO parallèlement avec l'objectif global d'intégration sous-régionale sous la coordination du Secrétariat. Ces débats ont été rendus nécessaires par les tensions apparues entre le président du parlement et le Secrétaire exécutif de la Communauté à propos de l'ordre de préséance et des implications du rôle de coordonnateur joué par le Secrétariat dans tout ce qui concerne les affaires de la Communauté. Les défis liés à l'avance-

ment du processus d'intégration monétaire et financière ont été également examinés, avec l'approbation d'un programme d'actions futures.

Les perspectives pour 2007

D'une façon générale, 2006 a été une année mitigée pour la sous-région de l'Afrique de l'Ouest sur le plan de la gouvernance. Des progrès ont été enregistrés dans certains domaines et des difficultés rencontrées dans d'autres. Les expériences vécues dans la sous-région, comme ailleurs, montrent que la gouvernance est un travail en progrès constant. Même si on a pu traiter certains problèmes de gouvernance qui se sont posés en Afrique de l'Ouest, d'autres difficultés demeurent alors que de nouveaux défis émergent. Les principales préoccupations de 2006 seront certainement au cœur de la politique et de la gouvernance sous-régionales en 2007. Parmi celles-ci figurent les élections et le système électoral ; la politique de succession ; la corruption et la gestion des ressources publiques ; l'agitation des jeunes, l'identité, la citoyenneté et les droits ; les pressions migratoires sur les jeunes ; l'expansion des zones urbaines ; la résolution des conflits, la construction de la paix et la sécurité, et enfin, la politique de gestion des ressources naturelles. Ces problèmes seront d'autant plus traités sérieusement que les acteurs gouvernementaux et non-gouvernementaux pourront tirer les enseignements des expériences passées et élaborer des cadres adaptés à des actions plus audacieuses qui, au-delà du traitement de simples symptômes, s'attaquent aux causes structurelles des difficultés persistantes. Dans cette perspective, OSIWA, dans la définition de sa stratégie globale sur l'amélioration des perspectives d'un système exhaustif de gouvernance démocratique en Afrique de l'Ouest, pourrait envisager de convoquer des dialogues de politiques sur un certain nombre de questions.

Proposition de thèmes
pour le dialogue de politique

Évidemment, ce ne sont pas les thèmes sur lesquels organiser en principe les dialogues de politiques sur l'amélioration de la gouvernance en Afrique de l'Ouest contemporaine qui manquent. Cependant, du point de vue

de la pertinence, et à la lumière du calendrier chargé des événements politiques prévus en 2007, trois préoccupations qui semblent être particulièrement au cœur des défis contemporains de la gouvernance dans la sous-région devrait mériter l'attention d'OSIWA.Il s'agit notamment de :

- la politique de succession en Afrique de l'Ouest ;
- la corruption et la citoyenneté sociale ;
- l'identité et la participation des jeunes.

En usant de son pouvoir de rassembleur, OSIWA est encouragée à convier les principaux concepteurs de politiques gouvernementaux et non-gouvernementaux (société civile, secteur privé et communauté de chercheurs) à engager un débat profond autour d'un ensemble bien défini de questions sur l'une quelconque (ou si les ressources le permettent) sur toutes les questions prioritaires proposées.

Références bibliographiques

Ake, Claude, *Democracy and Development* (Washington, D.C.: The Brookings Institution, 1996);

Hyden, G., D. Olowu, O. Ogendo et W.O. Hastings (eds.), *African Perspectives on Governance* (Trenton, NJ: Africa World Press, 2000);

Mkandawire, Thandika et Charles Soludo, *Our Continent, Our Future: African Perspectives on Structural Adjustment* (Trenton, NJ.: Africa World Press, CODESRIA et CRDI, 1999);

Olowu, Dele, A. Williams and K. Soremekun (eds.), *Governance and Democratisation in West Africa* (Dakar: CODESRIA, 1999);

Olukoshi, Adebayo, *The Elusive Prince of Denmark: Structural Adjustment and the Politics of Governance in Africa* (Uppsala: Nordiska Afrikainstitutet, 1998);

Salih, Mohammed (ed.), *African Political Parties: Evolution, Institutionalisation and Governance* (Londres: Pluto Press, 2003);

Szeftel, Morris, «Misunderstanding African Politics: Corruption and the Governance Agenda», *Review of African Political Economy*, Vol. 25, No. 76, juin 1998.